普通高等院校教材

企业管理基础

Qiye Guanli Jichu

李渠建　主编

高等教育出版社·北京
HIGHER EDUCATION PRESS　BEIJING

内容简介

本书以企业管理理论为基础，结合建筑企业的实际情况，阐述企业管理的基本理论和方法。主要内容包括企业管理概述、战略管理、经营决策与计划、质量管理、物流管理、人力资源管理、财务管理和其他企业管理理论。

本书可作为应用型本科院校非管理类专业的教材、建筑类高职高专院校教材，也可作为企业管理课程课时数不多的其他高职院校的教材。

本书提供数字课程的学习，欢迎读者登录高等职业教育教学资源中心，获取相关教学资源，进行自主学习及交流活动，同时完成在线实训项目。网址：http://hve.hep.com.cn。具体登录使用方法见书后郑重声明页。

图书在版编目(CIP)数据

企业管理基础 / 李渠建主编. --北京：高等教育出版社，2013.8（2015.12 重印）

ISBN 978-7-04-037944-0

Ⅰ.①企… Ⅱ.①李… Ⅲ.①企业管理-高等职业教育-教材 Ⅳ.①F270

中国版本图书馆 CIP 数据核字(2013)第 157483 号

策划编辑 李聪聪　责任编辑 李聪聪　封面设计 于 涛　版式设计 王艳红
插图绘制 尹 莉　责任校对 刘 莉　责任印制 毛斯璐

出版发行	高等教育出版社	咨询电话	400-810-0598
社　　址	北京市西城区德外大街 4 号	网　　址	http://www.hep.edu.cn
邮政编码	100120		http://www.hep.com.cn
印　　刷	三河市华骏印务包装有限公司	网上订购	http://www.landraco.com
开　　本	787mm×1092mm　1/16		http://www.landraco.com.cn
印　　张	10.75	版　　次	2013 年 8 月第 1 版
字　　数	230 千字	印　　次	2015 年 12 月第 4 次印刷
购书热线	010-58581118	定　　价	22.00 元

物 料 号　37944-00

前言

本书依据普通高等教育建筑工程技术专业、工程造价专业等建筑非管理类专业的教学标准和人才培养方案编写。

本书的内容是根据教学大纲安排的。对专业培养方案中独立设课的内容，如招投标与合同管理、生产管理、材料管理、设备管理等，本书不再涉及。

本书内容共分八章，包括企业管理概述、战略管理、经营决策与计划、质量管理、物流管理、人力资源管理、财务管理和其他企业管理理论。

在建筑非管理类专业开设“企业管理基础”课程，其目的是引导学生以企业整体的角度分析企业管理中的问题，掌握企业管理的基本理论和方法。普通高等学校建筑非管理类专业，所设课程大多数是帮助学生掌握某一方面的能力，学生对建筑企业管理的全貌缺乏了解。“企业管理基础”课程的开设就是为了弥补这一不足。学生通过对“企业管理基础”的学习，对企业和企业管理有一个系统的认识和了解，树立了全局观念；同时在掌握企业管理的基本概念、职能和方法的基础上培养和增强其管理能力。

本书以社会主义市场经济理论为基础，将管理理论与建筑企业的实际相融通；突出实践教学，尽量避免高深的理论阐述；力求易懂、简练、适用。

本书由李渠建（四川建筑职业技术学院副教授）主编，参编作者均为四川建筑职业技术学院建筑经济管理教研室的教师。具体分工如下：第一章由柳茂编写，第二章由黄晓懿编写，第三章由谭小辉编写，第四章由李渠建编写，第五章由王艳编写，第六章由原宁编写，第七章由李磊编写，第八章第一、二节由李龙泰编写，第八章第三、四、五节由卢立昕编写。主编对各章内容进行了适当修改。

本书由李涛主审，主审对本书内容提出了许多宝贵意见和建议。本书在编写和出版过程中，得到了四川建筑职业技术学院和高等教育出版社的大力支持，并参阅了有关书籍和资料，在此一并致谢。

由于编者水平有限，本书的体系结构、内容取舍和观点上难免有不妥之处，敬请读者批评指正。

编　者

2013年5月

目录

第一章　企业管理概述

引导案例

李宁:5 亿元"天价"赞助值不值

近几年来,李宁公司业绩下滑、高库存压力、品牌颓势以及高层管理人员纷纷离职,都广为市场所诟病。2011 年,李宁公司销售总额已下滑至 89.29 亿元人民币,下滑幅度 5.6%,净利润仅 3.86 亿元,下降幅度 65.15%。2012 年上半年,李宁公司总收入 38.8 亿元,同比降低 9.5%,归属于上市公司股东的净利润为 0.44 亿元,同比降低 84.9%。为节省成本,李宁公司已于 2012 年上半年总计关闭专卖店 1 200 家。

针对目前的经营情况,体操王子李宁进行了一系列改革行动,包括主持伦敦奥运装备发布会、分别与 CBA、韦德签约等,重新执掌公司大权。由于商业机密等原因,李宁没有透露与韦德签约的具体细节。美国 ESPN 透露,李宁公司与韦德的签约费用应该不会低于 7 年前韦德签约匡威的费用,即平均每年 1 300 万美元。2012 年 6 月 11 日,李宁公司与 CBA(中国男子职业篮球联赛)签订 5 年装备赞助商合作协议,合作协议中约定:合同期限 5 年,覆盖五个赛季,总金额共计 20 亿元人民币,平均每年 4 亿元人民币。仅 2012 年,李宁公司对篮球品牌赞助的投资就达到了近 5 亿元人民币,且这还不包括对羽毛球、体操、田径、网球、足球方面的赞助费用。按招商证券预期,李宁 2012 年广告营销费用占比将会大幅提升至 50%,同比增长约 60%。

思考:

对于李宁公司来说,在中国体育用品库存整体偏高、行业进入调整的时期,高层又密集爆发离职潮,李宁仍以近 1 亿美金重注 NBA 球星创建韦德品牌、4 亿元的天价赞助 CBA 赛事究竟值不值?

学习目标

通过本章的学习,使学生了解现代企业的相关概念及特征,掌握常见的企业类型;了解现代企业制度的相关概念及特征,掌握现代企业制度的内容;了解现代企业组织结构的相关概念、设计原则及内容,掌握现代企业组织结构的类型;了解现代企业管理的相关概念、内容、性质、基本职能,掌握现代企业管理的基本原理。

第一节 企业概述

一 企业的概念及特征

（一）企业的概念

企业是指直接整合和运用生产要素，从事商品生产、流通或提供服务等经营活动，为满足社会需要并获取盈利，依法进行自主经营、自负盈亏、独立经济核算，具备法人资格的基本经济组织。

企业由人、物、财、信息、目标五个基本要素构成。这五个基本要素组成的企业运作系统，可以抽象地看做一个转换机构，该机构的功能是将输入转化为输出，如图 1-1 所示。

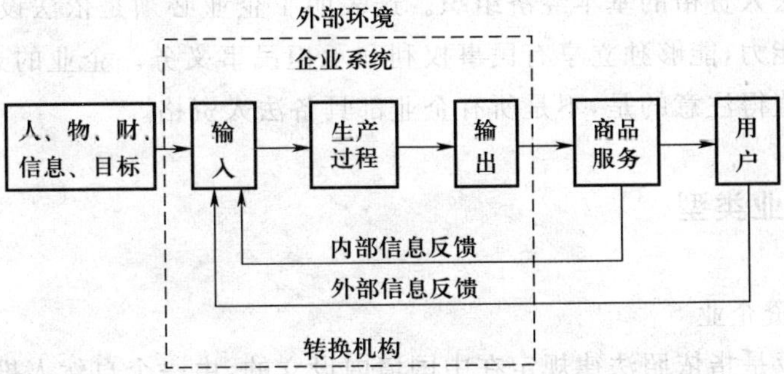

图 1-1 企业基本构成要素

1. 人

人是指企业中的员工与管理者。人是企业的主体，人才是企业最宝贵的资源。

2. 物

物是指企业中的劳动资料与劳动对象，包括土地、厂房、机械设备和原材料等。物是企业的客体，是企业从事生产经营活动的客观条件和物质保障。

3. 财

财是指资金。如何募集、管理、运用资金，是企业生存和发展所需面对的一个重要问题。

4. 信息

信息包括产生于企业内部和来自企业外部的所有信息。信息的真实性、及时性、有效性、全面性影响着企业的正常运转。

5. 目标

企业是以盈利为目的的生产经营组织。获取利润是企业存在的经济目标，提供社会需要的商品或服务是企业存在的社会目标。通常情况下，企业存在的经济目标和社会目标是一致的。一些靠损害他方利益而自身获利的企业，或许能够短期盈利，但是从长远来看，获取利益最多、用户口碑最好的企业必定是不断实现社会目标的企业。

（二）企业的特征

企业作为国民经济的基本经济组织，具有以下共同的基本特征。

1. 职业特征

企业是从事商品生产、流通或提供服务等经营活动的基本经济组织。这表明了企业从事的活动具有商品性，是为销售而生产、为交换而经营并以盈利为目的的基本经济组织。企业的职业特征是区分企业与其他经济组织的重要依据。

2. 行为特征

企业是进行自主经营、自负盈亏、独立经济核算的基本经济组织。这表明了企业的权责关系，即企业进行自主经营就必须自负盈亏、独立经济核算，而自负盈亏、独立经济核算可以制约自主经营。企业的行为特征是判断经济组织是否真正具备企业形态的根本标志。

3. 人格特征

企业是具备法人资格的基本经济组织。这表明了企业必须是依法设立，具备民事权利能力和民事行为能力，能够独立享有民事权利和承担民事义务。企业的人格特征表明了企业的法律地位。值得注意的是，不是所有企业都具备法人资格。

二 常见的企业类型

（一）个人独资企业

个人独资企业是指依照法律规定在中国境内设立的，由一个自然人投资，财产为投资人个人所有，投资人以其个人财产对企业债务承担无限责任的经营实体。

个人独资企业具有以下特征：

（1）企业的投资主体是一个自然人。

（2）企业不具备独立的法人资格，属于自然人企业。

（3）企业投资人享有企业经营的全部所得，并对企业债务承担无限清偿责任。即当企业资产不足以清偿其债务时，企业投资人应当以自身其他个人财产予以清偿。

个人独资企业的优点在于：投资人独立出资、独立经营、独立应对风险、独立承担责任；经营方式相对灵活；制约因素相对较少；投资人能够独自享有全部利润；企业成立条件和手续办理程序相对简单。但是，个人独资企业也存在显著的缺陷：一是企业规模受限。个人独资企业完全由投资人个人出资经营，个人的资金、能力、信息都是有限的，企业规模的扩张也因此受到限制。二是企业存续期受限。个人独资企业存续时间长短大多与投资人经营水平的高低密切相关，投资人的死亡、失踪或转行等情况都可能使企业不复存在。三是企业的成立和发展存在一定的后顾之忧。投资人对企业债务承担无限清偿责任，使投资人的全部财产均存在风险，一旦经营失败，企业资产不足以清偿其债务时，就有可能倾家荡产。

（二）普通合伙企业

普通合伙企业是指合伙人基于合伙协议依法设立的，共同出资，合伙经营，共享收益，共担风险，并对合伙企业债务承担无限连带责任的营利性组织。

普通合伙企业具有以下特征：

（1）企业必须有两个以上合伙人。合伙人若为自然人，则应当是具备完全民事行为能力。国有独资公司、国有企业、上市公司及公益性的事业单位、社会团体不得成为普通合伙人。

（2）企业必须有全体合伙人签订的书面合同协议。

（3）企业的合伙人必须共同出资、合伙经营、共享收益、共担风险。

（4）企业不具备独立的法人资格。由于企业的资金和合伙人的资金没有完全分离，所以不能独立承担民事责任，而是由全体合伙人对企业债务承担无限连带责任。

普通合伙企业的优点在于：合伙经营、共享收益、共担风险使其经营风险相对较小；共同出资且出资形式多样，便于企业的设立和发展。但是，普通合伙企业也存在显著的缺陷：一是全体合伙人均可参与企业日常经营，改变企业名称、改变企业经营范围、处分企业不动产、以企业名义为他人提供担保等重大决策必须由全体合伙人共同做出，容易延误决策时机。二是合伙人的加入或退出、合伙人之间或合伙人向合伙人以外的人转让资金等情况均会造成企业的重组，企业存续相对不稳定。三是全体合伙人均对企业债务承担无限连带责任，使全体合伙人的全部财产均存在风险。四是法律对合伙人的义务有明确规定，企业存续期间合伙人禁止竞业、禁止自我交易、禁止不利益行为，对合伙人的要求较高。

（三）公司

公司是指依照法律规定的以盈利为目的、共同出资，依照法定条件和程序成立的企业法人。《中华人民共和国公司法》（以下简称《公司法》）规定的公司专指在我国境内设立的有限责任公司和股份有限责任公司。

相关链接

1983 年 7 月，中国第一家社会主义股份制企业“宝安县联合投资公司”问世，并印制了股金证和股东手册。1984 年 9 月，北京市成立了第一家股份制公司——北京天桥百货股份有限公司，发行了定期 3 年的股票。同年 11 月 18 日，上海“飞乐音响公司”公开发行了中国第一张规范化的股票。

1. 有限责任公司

有限责任公司是指由符合《公司法》规定的股东设立，股东以其出资额为限对公司债务承担有限责任，公司以其全部资产为限对其债务承担有限责任的企业法人。

有限责任公司具有以下特征：

（1）公司由 1 人以上 50 人以下的股东共同出资设立。

(2) 公司注册资本最低限额为 3 万元人民币。

(3) 公司财务状况可以不公开。

(4) 公司股东仅以出资额为限对公司债务承担有限责任，如果公司财产不足以清偿其债务时，股东没有另行出资清偿的义务。这是有限责任公司和无限责任公司最主要的区别。

(5) 公司的资产不分为等额股份，不能募集股本，不能发行股票。这是有限责任公司和股份有限公司最主要的区别。

(6) 公司对股东资本转让有限制，如果股东向股东以外的人转让其出资时，应当经过全体股东过半数同意。

有限责任公司的优点在于：公司设立条件和手续办理程序相对简单，相对比较容易组建；股东人数相对较少，相对比较容易管理；股东仅以出资额为限对公司债务承担有限责任的规定，将公司资金与股东个人其他资金分离，解除了股东的后顾之忧，大大提高了股东的投资积极性。但是，有限责任公司也存在显著的缺陷：一是筹集资金渠道比较有限，若公司想不断扩大规模，通常情况下需要更改为股份有限公司。二是股东仅以出资额为限对公司债务承担有限责任的规定，有可能助长股东决策公司事务时的投机心理，给公司带来较大的风险。

2. 股份有限公司

股份有限公司是指符合《公司法》规定的股东设立，公司全部资本分为等额股份，股东以其认购股份为限对公司债务承担有限责任，公司以其全部资产为限对其债务承担有限责任的企业法人。

股份有限公司具有以下特征：

(1) 公司有 2 人以上 200 人以下的发起人，其中必须有半数以上的发起人在中国境内有住所。

(2) 公司注册资本最低限额为 500 万元人民币。

(3) 公司财务状况必须公开。

(4) 公司股东以其认购股份为限对公司债务承担有限责任，如果公司财产不足以清偿其债务时，股东没有另行出资清偿的义务。并且一旦公司出现破产或解散情况需要进行财产清算时，债权人只能对公司提出偿还要求，无权直接起诉股东。

(5) 公司资本划分为等额股份，并以向社会公开发行股票的形式募集资本。

(6) 公司股东可以依法通过交易买卖股票的形式自由转让股份，但不能要求退股。

股份有限公司的优点在于：没有限制股东身份及股东认购股份份额，因此资金来源相对广泛；股东认购股份只能转让而不能退股，保障了公司的稳定发展；公司财务状况必须向社会披露，对公司的运营起到很好的监督和激励作用。但是，股份有限公司也存在显著的缺陷：一是公司设立条件和手续办理程序相对复杂，股东人数相对较多，公司不易组建。二是股权分散，容易使公司运营管理决策权力集中于少数大股东，导致小股东利益受到损害。

第二节 现代企业制度

一 现代企业制度的概念及特征

（一）现代企业制度的概念

现代企业制度是指以完善法人制度为基础，以有限责任制度为核心，以产权清晰、权责明确、政企分开、管理科学为特征的新型企业制度。现代企业制度的核心是公司制，即企业法人制。

（二）现代企业制度的特征

1. 产权清晰

产权清晰是指明确出资人与企业法人之间的财产关系。出资人是资金的所有者，对出资资金享有收益权；企业法人则对出资人的出资金额及相应的增值金额享有占有、使用、处分的权利。

2. 权责明确

权责明确是指以产权清晰为基础，依法确定出资人与企业法人各自应享有的权利和承担的义务。出资人一旦出资，则不能再直接支配出资资金，并以出资金额为限对企业债务承担有限责任；企业法人自主经营、自负盈亏、独立经济核算，以其全部资产为限对其债务承担有限责任。

3. 政企分开

政企分开是指以产权清晰为基础，实行企业与政府的职能分离，理清企业与政府的关系。企业依法进行生产经营活动，是市场经济的主体；政府对企业生产经营活动进行调控、服务和监督。

4. 管理科学

管理科学是指企业内部建立规范的管理体制，做到企业的决策权、执行权和监督权既相互分离又相互制衡。

二 现代企业制度的基本内容

（一）现代企业产权制度

1. 产权

产权是指法定的主体对财产所拥有的所有权、使用权、收益权和处置权。其中，所有权是法定主体对财产最高的、排他的独立权。产权的四项权能既可以统一也可以分离，即如果法定主体对财产没有所有权，却可以在一段时间内依法享有使用、收益的权利。

2. 产权制度

产权制度是指以产权为基础，对财产占有、使用、收益和处置过程中所形成的产权主体的法律地位、行为、权责、相互关系加以规范、整合、调节的制度。

3. 现代企业产权制度含义

现代企业产权制度，即企业法人制度，关键在于实行出资者所有权与企业法人财产权的分离。企业拥有独立的企业法人财产权，是现代企业产权制度的核心。这是现代企业产权制度与过去企业产权制度最大的区别。

出资者所有权表现为出资者拥有股权，即以出资者的身份依法享有财产收益、选择管理者、参与企业决策等权利。企业法人财产权表现为依法享有法人财产的占有权、使用权、收益权和处置权，以独立的财产对企业的生产经营活动负责。值得注意的是，企业行使法人财产权受到出资者所有权的制约，必须维护出资人的权益，履行对出资人的义务。

（二）现代企业组织制度

随着市场经济的发展，现代企业已经形成一套完备的组织制度：出资者、生产者和经营者之间，通过企业的决策、执行、监督三大机构，形成各自的权利、权力、义务并相互制衡，实行决策权、执行权和监督权三权分离的原则，由此形成了股东大会、董事会、监事会、总经理和执行部门共存的组织体系。如图 1－2 所示。

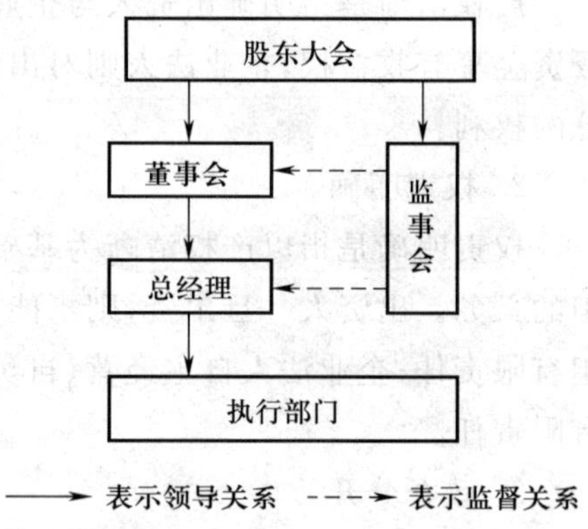

图 1－2 现代企业组织制度

股东大会和董事会是企业的决策机构。出资者通过股东大会行使审议权和投票权以维护自身权益；董事会由股东大会选出，代表全体股东利益，负责制定企业战略性决策并检查其执行情况。执行部门是企业的执行机构，受聘于董事会，在董事会授权范围内负责企业的日常生产经营活动。总经理担任执行机构的负责人。监事会是企业的监督机构，由股东大会选出，对股东大会负责，监督董事会及执行部门的活动，防止董事会和执行部门滥用权力，以维护出资者的权益。

（三）现代企业管理制度

现代企业管理制度是有关约束和调整企业经营活动中管理方式和管理关系的行为准则。其主要内容包括以下几个方面：

1. 现代企业领导制度

现代企业领导制度的核心是关于企业内部领导权力归属、划分及行使所做的规定。建立科学的企业领导制度是做好企业管理的一项根本工作。

2. 现代企业用工制度

现代企业实行企业与劳动者双向自主选择的用工制度。企业与劳动者的劳动关系，以双方平等自愿、共同协商签订劳动合同的形式确立。

3. 现代企业财务制度

现代企业财务制度是出资者、经营者权益的财务体现。建立科学的现代企业财务制度应当充分体现产权明晰、政策公平、自主理财、与国际惯例保持一致的原则。

4. 现代企业破产制度

现代企业破产制度是当企业作为债务人不能清偿到期债务时,依法对企业在经营过程中所形成债权债务关系做出处理的法律制度。现代企业破产制度是以法律作为手段,有利于淘汰落后企业,从而维护市场经济运行秩序。

第三节 企业组织结构

企业组织是企业管理的载体,企业组织的合理化和科学化程度直接影响企业管理目标的实现程度。所以,为了实现企业管理目标,企业必须建立与自身经营活动相适应的企业组织机构。

一 企业组织结构的概念

企业组织结构是指为了有效地实现生产经营活动目标,以分工与合作为基础,在职务范围、权力责任方面所形成的结构体系。

具体而言,可从以下几个方面来理解:

(1) 企业组织结构的本质是企业内部的分工协作关系。

(2) 企业组织结构的核心是明确权力责任的归属。

(3) 企业组织结构设计的前提与依据是企业生产经营活动目标。

二 企业组织结构的设计

(一) 企业组织结构设计的概念

企业组织结构设计是指明确企业目标的前提下,将实现目标所需进行的各项生产经营活动分类,并根据管理幅度理论划分出不同的管理层次和管理部门,将管理各项生产经营活动所需职权授予各层次、各部门,并规定各层次、各部门之间的彼此配合关系。

(二) 企业组织结构设计的原则

进行企业组织结构设计时,应结合企业目标、环境、自身条件而定,没有固定通行模式。但是,有一些基本原则需要遵守,以保障企业组织的合理化和科学化。

1. 目标一致原则

企业组织结构设计必须围绕实现企业生产经营总体目标进行,组织结构中各层次、各部门,甚至每个职工都有为了使总体目标实现而自身应完成的工作,这样的组织结构才是一个有机整体。

2. 分工协作原则

分工是按照提高企业管理专业化程度和工作效率的要求，明确各层次、各部门的权责范围。而在分工的基础上，各层次、各部门之间还必须有协作关系，这样才能发挥整体功能，更好地实现企业生产经营总体目标。

3. 统一指挥原则

每一个职能部门都只能有一个最高行政主管，统一负责本部门的所有工作，每个职工都只对其唯一的直接主管负责，听从直接主管的指挥。根据此原则，组织上下级之间形成指挥链。值得注意的是，指挥链必须连续存在，不能中断；任何下级只有一个直接上级；上级不得越级指挥。

4. 权责一致原则

进行企业组织结构设计时，在明确各层次、各部门的职责范围的同时，还需要赋予完成职责所对应的权力。正确处理职责归属和授权问题，尽量避免出现有责无权或有权无责的现象，使职责和权力保持一致性。

5. 合理管理幅度和管理层次原则

一般而言，管理幅度和管理层次成反比，管理幅度的确定也就决定了管理的层次。管理幅度过宽，领导者管不过来；管理幅度过窄，则管理层次相对较多，容易造成效率低下。

6. 精干高效原则

在确保实现企业目标所需进行的各项生产经营活动的前提下，力求减少管理层次，精简机构和人员，以充分调动组织成员的积极性，提高管理效率。

7. 稳定性和适应性相结合原则

企业组织结构一旦形成，不宜频繁调整，应保持其稳定性。但是，当企业组织结构明显难以适应企业生存环境、不利于企业发展的时候，组织结构的调整则不可避免。

（三）企业组织结构设计的基本内容

设计企业组织结构时，可以从管理层次的划分、部门的划分、职权的划分三个方面及相互之间的协调入手。

1. 管理层次的划分

管理层次的划分主要是由管理幅度的有限性决定的。管理幅度是指领导者能够直接、合理、有效地管理下属人员的数量。由于领导者的经验、知识、精力、时间都有一定的限度，所以领导者能够直接、有效地管理下属人员的数量也是有限度的。

管理层次是指一个组织管理系统中由最高决策者到基层工作人员之间分级管理的级数，它是由职权关系形成的领导与被领导的纵向结构。

值得注意的是，上级领导者利用增加管理层次以减轻自己工作负担的同时，也增加了监督、协调下属管理层次执行工作的负担。因此，增加管理层次带来的效能，一定要大于上级领导者用作监督、协调下属管理层次执行工作的负担，这是衡量是否应当增加管理层次的重要标准。

课堂讨论

一个管理者适合管理多少下属？

不同的学者对于管理幅度的看法不尽相同：一些学者认为5～6人；一些学者认为可达10～12人甚至更多；在电子商务环境的今天，有人认为可达150人。请结合自身所处的行业特点，谈谈自己对这一问题的看法。

由于管理幅度与管理层次成反比，从而决定了两类最基本的组织结构：

(1) 扁平型结构。扁平型结构是指在一定组织规模下，管理幅度较大而管理层次相对较少的一类组织结构。如图1-3所示。

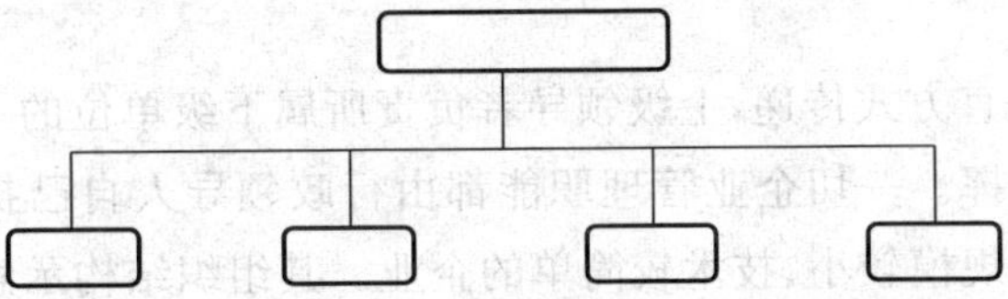

图1-3 扁平型结构

(2) 高型结构。高型结构是指在一定组织规模下，管理幅度较小而管理层次相对较多的一类组织结构。如图1-4所示。

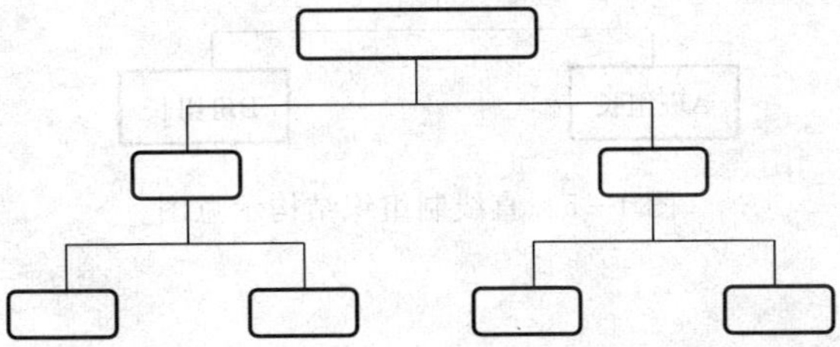

图1-4 高型结构

2. 部门的划分

企业组织通过层次的划分形成纵向结构，通过部门的划分形成横向结构。部门是指组织中领导者为完成一定的任务而有权管辖的一个特定领域。例如，建筑企业通常划分为计划、经营、工程、质量、材料、财务、人事等部门。

进行部门的划分时，应以确保实现总体目标、力求精简机构、分别设立检查部门与业务部门为基础，采用适宜企业自身特点的划分方法，并充分考虑部门之间的协调问题。

3. 职权的划分

职权，即职务范围内的权限，其实质是决策的权力，也就是决定干什么、怎么干的权力。

职权可以分为以下类型：

(1) 直线职权。直线职权是直线主管人员享有的发布命令、执行决策等权力，即指挥权。

(2) 参谋职权。参谋职权是某个部门或职位享有的提供咨询、给予建议等辅助性权力。

(3) 职能职权。职能职权是某个部门或职位享有的进行专业管理的权力。

三 企业组织结构的类型

通过对企业组织层次、部门和职权的设计,最终形成了企业组织结构。企业组织结构的最常见类型包括直线制、职能制、直线职能制、事业部制、模拟分权制、矩阵制、多维立体制等。

(一) 直线制

1. 直线制的特点

企业管理权力以垂直方式传递,上级领导者负责所属下级单位的一切问题,下级单位只接受一个上级领导者的指挥。一切企业管理职能都由行政领导人自己执行,不设职能部门。这类企业组织结构适用于规模较小、技术较简单的企业。其组织结构示意图如图 1-5 所示。

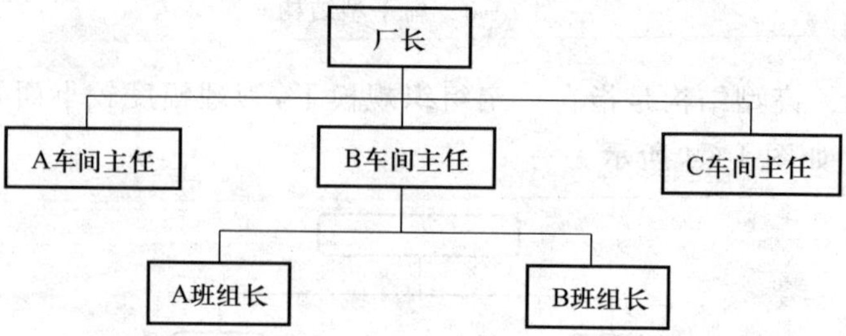

图 1-5 直线制组织结构示意图

2. 直线制的优点

组织结构简单,权力集中,指令统一,决策迅速,上下级关系及各自权责明确,管理成本相对较低。

3. 直线制的缺点

容易造成组织之间的横向联系不够,对领导者自身综合素质要求较高。

(二) 职能制

1. 职能制的特点

企业组织中设置职能机构,行政主管负责人将部分管理权力和责任交给相应的职能机构。各职能机构在行政主管负责人授权范围内直接管理下级各执行机构,下级各执行机构接受上级行政主管负责人领导的同时,还要接受相应职能机构的领导。这类企业组织结构适用于作业性工作岗位,不适用于高层次管理岗位,也不适用于文化产业领域。其组织结构示意图如图 1-6 所示。

2. 职能制的优点

有利于充分发挥职能机构管理作用,减轻行政主管负责人的工作负担。

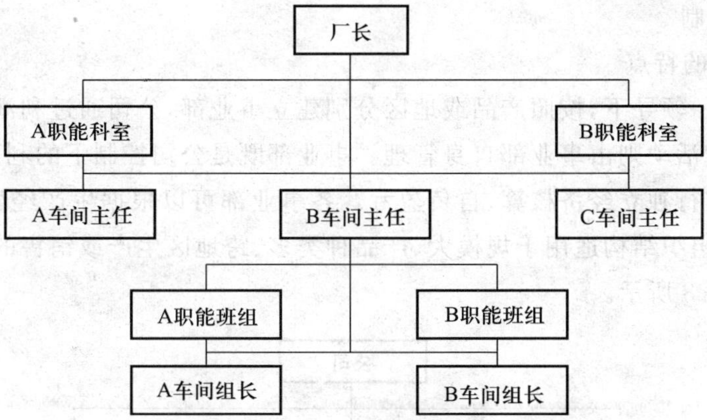

图 1-6　职能制组织结构示意图

3. 职能制的缺点

容易形成多头领导，决策重复，指令不同，让下级执行机构无所适从。

（三）直线职能制

1. 直线职能制的特点

以直线制为基础，在行政主管负责人的领导下，设置职能机构。组织机构和人员分为两类：一类是直线领导部门和人员，另一类是职能部门和人员。直线领导部门和人员在权责范围内享有决策权和对下级执行机构的指挥权；职能部门和人员是直线领导部门和人员的参谋，不能直接指挥和领导部门工作，只能进行业务指导。这类企业组织结构适用于大中型企业。其组织结构示意图如图 1-7 所示。

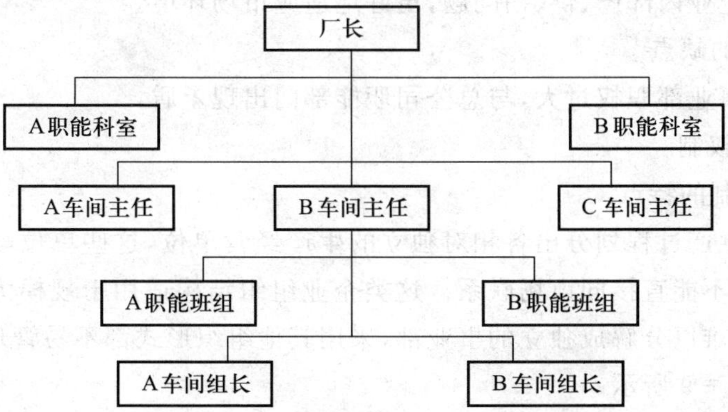

图 1-7　直线职能制组织结构示意图

2. 直线职能制的优点

权力集中，指令统一，能够实现更好的专业管理。

3. 直线职能制的缺点

职能机构之间协作不够；职能机构缺乏独立的自主权，需要向上级领导汇报工作，由上级领导做出决策，容易造成工作效率不高。

（四）事业部制

1. 事业部制的特点

在公司的统一领导下，按照产品或地区分别建立事业部，公司通过利润指标对事业部进行控制，日常经营活动则由事业部自身管理。事业部既是公司控制下的利润机构，又是企业中的责任单位，实行独立经济核算、自负盈亏。各事业部可以根据生产经营需要，设置职能部门。这类企业组织结构适用于规模大、产品种类多、跨地区生产或销售的企业。其组织结构示意图如图 1－8 所示。

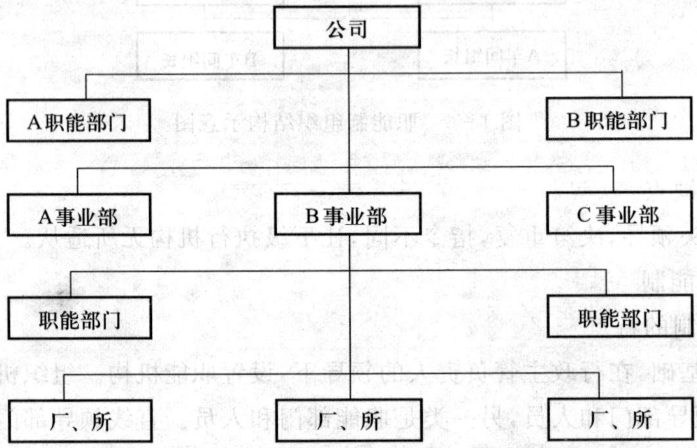

图 1－8 事业部制组织结构示意图

2. 事业部制的优点

有利于协调企业内部产、供、销问题，更好地适应市场环境。

3. 事业部制的缺点

容易形成各事业部职权过大，与总公司职能部门出现矛盾。

（五）模拟分权制

1. 模拟分权制的特点

按照产品或生产过程划分出各相对独立的生产经营单位，这些单位享有尽可能多的生产经营自主权，但不能直接同市场联系。这类企业组织结构适用于规模大、产品品种多、生产过程连续性强，难以分解成独立的事业部，采用其他组织形式都不易管理的企业。其组织结构示意图如图 1－9 所示。

2. 模拟分权制的优点

各生产经营单位实行相对独立经营和相对独立核算，能够调动生产经营单位的积极性；能够减轻公司高层管理者的负担。

3. 模拟分权制的缺点

权力相对分散；考核各生产经营单位的业绩存在实施难度。

（六）矩阵制

1. 矩阵制的特点

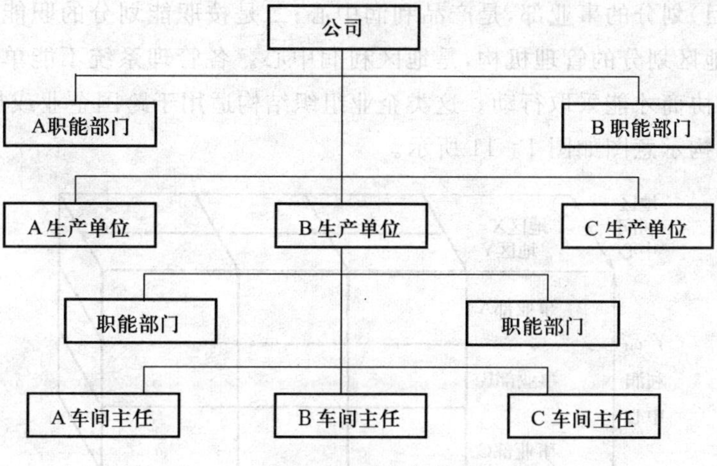

图1-9 模拟分权制组织结构示意图

为了实现企业目标(产品或者工程项目)而专门设立的跨职能部门的临时性组织结构。组织结构由按项目或产品划分的横向组织系统和按职能划分的纵向组织系统组成。横向组织系统的形式是项目小组或项目办公室,在项目经理领导下,专门负责完成企业目标。项目小组(办公室)工作人员是从纵向组织系统中的职能部门抽调组成,实现企业目标后,工作人员各自回到原属职能部门。这类企业组织结构适用于创新任务多、单件性生产、生产经营活动复杂多变的企业。其组织结构示意图如图1-10所示。

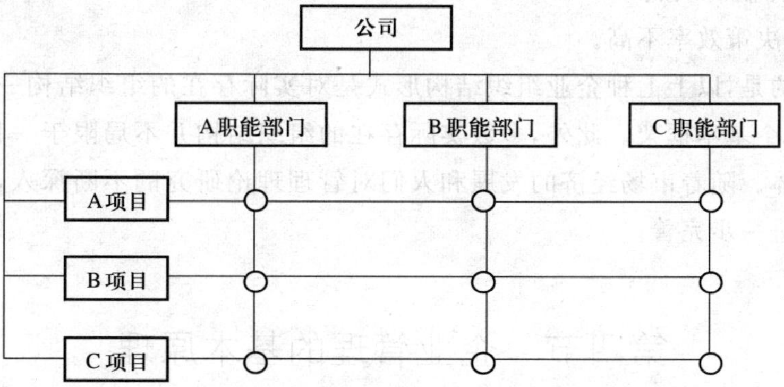

图1-10 矩阵制组织结构示意图

2. 矩阵制的优点

组织机构灵活,工作目标明确,职能部门之间的联系加强,有利于节约企业成本。

3. 矩阵制的缺点

组织机构稳定性差,工作人员调动频繁。

(七) 多维立体制

1. 多维立体制的特点

矩阵制和事业部制综合发展形成的组织结构。组织结构由三个方面的管理系统组成:

一是按产品(项目)划分的事业部,是产品利润中心;二是按职能划分的职能部门,是专业参谋机构;三是按地区划分的管理机构,是地区利润中心。各管理系统不能单独做决策,必须由三方代表共同协商才能采取行动。这类企业组织结构适用于跨国企业或规模大的跨地区企业。其组织结构示意图如图 1-11 所示。

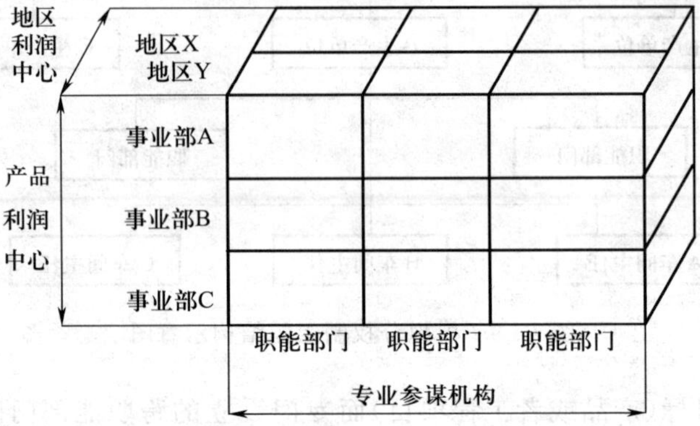

图 1-11 多维立体制组织结构示意图

2. 多维立体制的优点

共商决策有利于三方从全局角度考虑问题,容易协调三方关系;将市场细分,使企业生产经营活动更具针对性和有效性。

3. 多维立体制的缺点

权力分散,决策效率不高。

值得注意的是,以上七种企业组织结构形式是对实际存在的组织结构一定程度的理论抽象,仅仅是一个基本框架。此外,多数实际存在的组织结构并不局限于一种类型,而是多种类型的综合体。随着市场经济的发展和人们对管理理论研究的不断深入,组织结构的类型也必将得到进一步完善。

第四节 企业管理的基本原理

管理是组织活动中必不可少的部分,要实施企业管理,首先需要掌握管理、企业管理、现代企业管理的一些基本理论。

一 企业管理的概念

企业管理是指企业的管理人员和管理机构对企业的生产经营过程进行计划、组织、控制、激励和领导,以提高企业效益、实现企业预期目标。

具体而言,可从以下几个方面来理解:

（1）企业管理的主体是管理人员和企业职工。

（2）企业管理的客体是企业生产经营过程中的各种资源。

（3）企业管理的活动是通过实施计划、组织、控制、激励和领导职能进行的。

（4）企业管理的目的是提高企业效益、实现企业预期目标。

二 现代企业管理基本原理

企业管理的基本原理是指人们在企业管理实践中总结出来的，管理企业必须遵循的最基本的理论和规则。企业管理的基本原理是对管理企业客观规律性的揭示，对企业管理活动具有指导和规范作用。

（一）系统原理

与原来的小生产管理不同，现代企业管理总是处于各个层次的系统之中，其各要素都不是孤立存在的。各要素既从属于本系统内部，又要与其他系统发生"输入"与"输出"的联系，还要隶属于一个更大的系统范畴。系统原理就是对各要素进行充分的系统分析，以达到管理的预期目标。

系统原理的主要观点是强调系统的整体性和系统组成要素之间的联系性，旨在通过合理、有效、科学的安排使整体规划达到最优化，即实现管理的整体效能大于部分效能之和。

系统原理要求企业在管理过程中必须遵循以下原则：

1. 整分合原则

整分合原则是指以对管理对象的整体规划为前提，实行明确、合理的分工，再在分工的基础上，将各要素进行有效的综合。

2. 封闭原则

封闭原则是指实行企业管理系统内部的封闭性，即各管理要素、各管理环节有序衔接、首尾相连，形成连续封闭的回路，使系统内部连为一体，相互联系和影响，以完成企业整体目标。

（二）人本原理

人本原理的主要观点是强调人在企业管理中的重要作用，以人为中心，主张企业各项管理活动都应该以调动和激发人的积极性、主动性和创造性为根本，认为企业管理是人的管理和对人的管理。

人本原理要求企业在管理过程中必须遵循以下原则：

1. 能级原则

能级原则是指根据人的能力大小和特点，赋予其相应的职权和责任，使企业管理系统中的每一个人的能力与职位相匹配。值得注意的是，企业管理系统应该由不同层次的能级组成，并且相互配合、有效运作，以才能保证整体系统的稳定性。

2. 动力原则

动力原则是指管理必须存在强大的动力，才能使企业管理系统得到持续、高效的运行。

现代企业主要有以下三类基本动力：物质动力、精神动力、信息动力。物质动力是指企业管理系统中成员因物质的刺激而产生的积极行为；精神动力是指企业管理系统中成员因内心情感需要得到满足而产生的积极行为；信息动力是指企业通过管理实现信息资料的收集、分析与整理，并不断传递和反馈，得出科学成果，创造社会效益，使管理系统中成员产生成就感。

（三）动态原理

动态原理的主要观点是企业管理是一个不断变化的动态的过程，具体体现为管理主体、管理对象、管理方法、管理理论，甚至管理目标的动态变化。因此，现代企业管理是一种随机制宜的管理，要求企业主管人员应当不断更新观念，避免一成不变的管理理念。

动态原理要求企业在管理过程中必须遵循以下原则：

1. 权变原则

权变原则是指根据企业管理系统外部及内部的变化情况而作相应的管理调整。权变原则并不是在企业运营平稳时期的偶然需求，而是在复杂多变的企业运营环境中的常规需求。

2. 弹性原则

弹性原则是指企业管理过程中，必须留有相应的余地，保持必要弹性，以保障情况发生变化时能够较好、较快地适应和应变。值得注意的是，现代企业管理必须防止"消极弹性"，即将"留有余地"理解或实施为：计划松、指标低、人员多、预算高、时间长。现代企业管理要着眼于"积极弹性"，即在对企业生产经营活动进行科学预测的基础上，制订合理可行的多种调节方案以适应不断变化的运营环境。

3. 反馈原则

反馈原则是指充分发挥信息要素在企业管理中的作用，利用信息的反馈对管理目标和管理方法进行及时、有效的调整。

（四）效益原理

企业管理的主要目标是不断提高经济效益，这是效益原理的主要观点。即企业通过加强管理工作，做到以尽量少的劳动消耗和资金占用生产出尽可能多的满足社会需要的产品。

效益原理要求企业在管理过程中必须遵循以下原则：

1. 价值原则

价值原则是指要实现企业的经济效益，就应当以最少的耗费达到最好的效用，以满足消费者的需要。经济效益的核心在于价值，也就是说，满足消费者的需要是企业获取经济效益的前提条件。

2. 投入产出原则

投入产出原则是指通过以尽可能少的投入来获得尽可能多的产出的途径来实现企业经济效益的最大化。经济效益是一个相对的概念，仅仅从产出的效果角度分析企业经济效益是片面的。

3. 边际分析原则

边际分析原则是指企业管理过程中通过分析投入产出的增量，即每增加一个单位规模所能增加的经济效益，来判断实际经济效益总量的增减。

思考及习题

1. 基本概念

现代企业　现代企业制度　企业组织结构　企业管理

2. 简答题

(1) 简述常见的企业类型及各自制度的优缺点。

(2) 简述组织内职权的类型和含义。

(3) 简述直线职能制、事业部制、模拟分权制、矩阵制的区别。

(4) 简述 1～2 个企业组织结构的变化新趋势。

(5) 简述企业管理基本原理的主要内容。

3. 实训题

画出所在学校的组织结构图。

案例分析

案例 1：西门子公司组织结构

西门子公司于第二次世界大战后经历了两次重大的结构改革，两次改革的目的都是为了更好地实现分权和加强运营灵活性。第一次结构变化发生在 1966—1969 年，起初组建了 6 个事业部，后来增加到了 7 个。公司组建了 5 个总部职能部门，分别是计划部、财务部、人事部、研发部和分配部。这一结构实行到 1989 年，由于规模的扩张以及电气和电子市场的快速变化，西门子于 1989 年采纳了一种修正结构，即引入更小、更为专业化的事业部。

案例 2：联合利华公司组织结构

英—荷联合利华是一家国际食品和家庭及个人卫生用品集团。1996 年以前，联合利华公司实行高度分权化，各国的子公司均享有高度的自治权。由荷兰和英国的董事长以及他们的代表组成的一个特别委员会和一个包括职能、产品和地区经理的 15 人董事一直独揽公司的决策大权，其中产品经理负有西欧和美国的利润责任，地区经理则负有其他地区的利润责任。责任经常是模糊不清的，一部分内部报告这样写道："我们需要明确的目标和角色：董事会使自己过多地卷入了运营，从而对战略领导造成了损害。"

杰出绩效塑造计划废除了特别委员会和地区经理这一层级，代之以一个8人(后变为7人)的董事会，由董事长加上职能和大类产品(即食品、家庭和个人卫生用品)的经理组成。向他们报告的是13位(后来是12位)负有明确盈利责任的业务集团总裁，后者在特定地区对其管理的产品类别负有完全的利润责任。全球战略领导被明确地置于执委会一级；运营绩效则是业务集团的直接责任。

案例3：英国钢铁公司组织结构

英国钢铁公司成立于1967年，由14个国有化钢铁生产商组成。该公司尝试过多种组织形式——按地区或者按产品构造，但为了分配其凌乱的业务，一直加强总部的控制。直到1983年，英国钢铁公司拥有了事业部，但权力仍牢固地保留在总部，贸易、购买和工业关系职能都是集中化的。在事业部缺乏对投入或产出政策控制的情况下，英国钢铁公司实际是以职能模式组织的。1988年，公司进行了私有化，因而转向一种更注重盈利的组织形式。1990年，该公司收购了英国主要的钢铁批发商，随之组成了批发事业部。1992年，英国钢铁公司发动了名为“组织、深度变革、风格”的重组。该计划旨在大幅度地削减总部职能和成本，并将管理责任分散到12个业务单位。其中关键的一条是业务领导不再在董事会任职，而是向相对独立的执委会成员报告。

思考：

1. 从以上3个案例中，你受到怎样的启发？

2. 结合自己的实际情况，你认为自己所属行业中最常见的企业组织结构有哪些？

第二章　企业战略管理

引导案例

阿里巴巴集团战略大事记

阿里巴巴集团是全球最著名的B2B电子商务品牌和最大的商务交流社区和网上交易市场，服务来自240多个国家和地区的互联网用户，在大中华地区、印度、日本、韩国、英国及美国70多个城市共有2.5万多名员工。

1999年	马云带领下的18位创始人成立了阿里巴巴集团
1999—2000年	阿里巴巴从软银、高盛、美国富达投资等机构融资2 500万美金
2002年	阿里巴巴B2B公司开始盈利
2003年	于杭州建立个人电子商务网站(C2C)淘宝网(易趣1998年成立，2003年与ebay合并)
2004年	发布在线支付系统——支付宝(目前占第三方支付46%的市场份额，财付通为21.2%，银联为10.8%)，海外支付服务通过paypal
2005年	与雅虎美国建立战略合作伙伴关系，同时，执掌雅虎中国
2006年	战略投资口碑网
2007年	1月：以互联网为平台的商务管理软件公司阿里软件成立 11月：阿里巴巴网络有限公司在香港联交所挂牌上市，并成立网络广告平台阿里巴巴
2008年	6月：口碑网与中国雅虎合并，成立雅虎口碑 9月：阿里巴巴与淘宝合并；阿里巴巴集团研发院成立
2009年	7月：阿里软件与阿里巴巴集团研发院合并 8月：阿里软件的业务管理软件分部注入阿里巴巴B2B公司；作为大淘宝战略的一部分，口碑网注入淘宝，使淘宝成为一站式电子商务服务提供商 9月：庆祝集团创立十周年，同时成立阿里云计算
2010年	3月：成立大淘宝战略执行委员会，其成员来自淘宝、支付宝、阿里云计算和中国雅虎的高管 5月：宣布从2010年起将年度收入的0.3%拨作环保基金，以促进全社会对环境问题的认识 11月：淘宝商城启动独立域名Tmall.com
2011年	1月：宣布将在中国打造一个仓储网络体系，并与伙伴携手大力投资中国物流业
2011年	6月：阿里巴巴集团将淘宝网分拆为三个独立的公司——淘宝网、淘宝商城和一淘，以更精准和有效地服务于客户
2012年	1月：淘宝商城宣布更改中文名为天猫，加强其平台的定位

可见，经营战略为企业指明了前进的方向，使企业在新的革命性技术和经济大变革中不被淘汰。

思考：

阿里巴巴为什么会取得巨大的成功？

学习目标

通过本章学习，使学生了解企业战略的概念、特征、作用和分类；重点掌握企业战略分类中总体战略和竞争战略所包含的类型和特点；掌握企业战略管理及战略管理过程的基本内容和目的；掌握企业环境的分析要点；了解企业战略的制定程序，能运用企业的大战略矩阵分析、评价企业战略的制定；了解企业战略的实施和控制。

第一节　企业战略管理概述

一　战略的起源

“战略”一词源于希腊语，原意为军事用语：作战的谋略。《辞海》将其定义为：对战争全局的筹划和指挥。20 世纪 60 年代，战略思想开始运用于商业领域，并与达尔文“物竞天择、适者生存”的生物进化思想共同成为战略管理科学的两大思想源流。

二　企业战略的概念

企业战略是指企业面对剧烈变化、严峻挑战的经营环境，为求得长期生存和不断发展，对企业发展目标、达成目标的途径和手段的总体谋划。目的是使企业在正确分析和估量外部环境和内部条件的基础上，求得企业经营目标、经营结构和资源配置与外部环境提供的机会的动态平衡，从而在激烈的市场竞争中求得生存和发展。

三　企业战略的内容

（一）战略指导思想

战略指导思想是总体战略的灵魂，是系统、竞争、满足市场需要的思想和市场营销观念。

（二）战略目标

战略目标是一定战略时期内的总任务，是战略主体的行动方向，由经营目标决定。战略目标的类型包括：

（1）成长性目标，如产品品种、数量、资产总额、销售额、利润等。

（2）稳定性目标，如经营安全率、利润率、支付能力、企业凝聚力。

（3）竞争性目标，如产品成本价格、产品质量水平、市场占有率、企业知名度。

（三）战略重点

战略重点是指对实现战略目标具有关键作用的方面，也是企业资金、劳动、技术投入的重点。

（四）战略步骤

通常，战略是分几个步骤完成的。

（五）战略策略

战略策略是指根据战略目标和重点制定的、用来指导企业在战略期内合理分配资源，有效达到目标的一整套手段的总称。战略策略包括战略阶段和战略措施。只有一个战略重点的战略期分为准备、发展、完善阶段；有两个及两个以上战略重点的战略期按战略重点的因果顺序来划分战略阶段。工业企业的战略期一般是5～10年。

小链接

万科的发展战略

万科集团总经理郁亮面对中国这个大市场，制定了一个十年发展战略。他在大会上说：在增长数量与质量的统一，短期利益与长远利益的统一，开发商利益与社会公众利益的统一的战略思想指导下，万科集团要成为中国房地产行业的领头羊；十年后，万科集团的销售额要从现在的几十个亿增长到1 000亿元；市场占有率要从现在的1%增至3%。继续走专业化道路，专注于住宅业务。第一，万科集团将在十年内完成运营机制的重大变革，进行客户细分，从目前以项目为核心的运营方式，转向以客户价值为中心的运营方式；第二，城市聚焦，未来十年，将把业务聚焦在城市经济圈，特别是中国经济发展快的大城市圈里；第三，走产业化道路，形成住宅产品体系，制定住宅标准，通过产业化生产，提高住宅的品质和性价比。

郁亮关于万科集团企业战略讲的一句商界名言是："如果我们的企业失败了，最大的可能是我们的战略错了。"

四 企业战略的特点

（一）全局性

企业战略的中心问题是企业的成长方向。当企业的总体利益和下层组织的局部利益发生冲突时，需要管理者在复杂的条件下把握全局，运筹帷幄，作出正确的战略部署。

（二）长远性

企业战略通常着眼于未来3～5年乃至更长远的目标。

（三）竞争性

竞争是市场经济中每个企业必须面对的现实，也正是因为有了竞争，才确立了战略在经营管理中的主导地位。

（四）风险性

由于市场信息的不对称性和非完整性，企业总是面临着一个复杂多变、不确定的环境，所以任何战略都有可能出现对事实估计的偏差，而这种偏差就会导致企业经营的风险。这就需要对战略适时进行调整。

（五）适应性

一个好的战略总是力求稳定性和适应性的统一。

五　企业战略的作用

通过制定战略，可以明确企业在市场竞争中的地位，增强企业自身的经营实力，发挥企业的整体效益；有利于调动职工的积极性；便于国家和有关部门对企业进行指导，有利于宏观和微观经济的有机结合和协调发展；有利于全面推进企业管理现代化。

六　企业战略的分类

（一）按战略的实施主体划分

按战略的实施主体分为总体战略、业务战略、职能战略三个层次。

（1）总体战略，又称公司战略，指为实现企业总体目标，对企业未来发展方向作出的长期性和总体性战略，是统筹各项分战略的全局性指导纲领，重点是确定企业经营范围和在企业内部各项事业之间进行资源分配。

（2）业务战略，又称经营单位战略，是指在公司战略的制约下，指导和管理具体经营单位的计划和行动，为企业整体目标服务。

（3）职能战略，指为实现企业总体战略和各项业务战略，对组织内部各项关键的职能活动作出的统筹安排。例如，生产、营销、研发、财务战略等。

（二）按战略的目的划分

按战略的目的分为成长战略和竞争战略。

（1）成长战略，指为适应外部环境的变化，有效利用资源，研究企业为实现成长目标如何选择经营领域的战略。重点是选择产品和市场领域，规定其开拓方向与幅度。

（2）竞争战略，指如何在选定的行业和领域内与对手展开有效的竞争，主要解决竞争手段的问题。竞争战略大致有三种可供选择：低成本战略、产品差异战略和目标集中战略。

（三）按战略的领域划分

按战略的领域分为产品战略、市场战略和投资战略

(1) 产品战略，包括产品的扩展、维持、收缩、更新换代、多样化和组合战略。

(2) 市场战略，包括市场渗透、市场开拓、新产品市场、混合市场、产品生命周期、市场细分和市场营销组合战略。

(3) 投资战略，包括产品投资、市场投资、技术发展投资、规模化投资和企业联合与兼并战略。

（四）按战略对市场环境的适应程度划分

按战略对市场环境的适应程度分为进攻战略、防守战略和撤退战略。

(1) 进攻战略，着眼于技术、产品、质量、市场规模，不断开发新产品和市场，力求掌握市场主动权和提高市场占有率的战略。

(2) 防守战略，又称维持战略，是指避实就虚，不与对手正面竞争。技术上以购买专利为主，产品开发上实行紧跟主义，生产方面着眼于提高效率，降低成本。

(3) 撤退战略，指积蓄优势力量，保证重点进攻方向以取得胜利。

（五）按战略实施时间的长短划分

按战略实施时间的长短分为短期战略、中期战略和长期战略。一般来说，企业规模越大，所需制定战略的时间跨度就越长。

(1) 短期战略，也叫战略计划，一般指时间跨度在 1 年以内的战略。

(2) 中期战略，一般指时间跨度在 1～5 年的战略。

(3) 长期战略，一般指时间跨度在 5～10 年的战略。

第二节 企业战略管理环境分析

企业环境是指影响企业生产经营活动的各种力量的总和。广义的企业环境包括企业的内部及外部环境；狭义的企业环境仅指企业的外部环境。

一 企业外部环境分析

（一）宏观环境分析（PEST 分析法）

1. 政治法律环境（political）

政治法律环境是指影响和制约企业的政治、法律因素及其运行状态。

小知识

打破民间投资“玻璃门”助推经济发展

经济之声“天下财经”报道数据显示：中国经济增量的70%～80%来自民营经济。从2000年至今，民营经济税收连年保持40%以上的高增长，民营企业纳税占我国税收总额的近60%，个别地方超过90%；民营企业创造了我国90%以上的新增就业岗位。不断壮大的民营经济和民间资本，已经成为中国社会主义市场经济的主要推动力量。

但是，在能源、交通运输、基础设施建设、金融等领域，民间资本和民间投资依然遭遇重重阻碍。随着国家陆续出台的42项民间投资实施细则，民间资本可以在铁路、电信、金融、证券、卫生等领域投资，投资保障得到重视，仅上半年，我国民间固定资产投资比重已超过六成。民营企业将受益于这一政策，蓬勃发展。

2. 宏观经济环境(economic)

宏观经济环境主要是指一个国家的经济结构、经济增长速度及经济增长的周期性变化、通货膨胀的程度、税率水平及汇率水平的变化、是否实行外汇管制等。例如，房产税和利率上调会影响房地产企业。

3. 社会与文化环境(social)

社会与文化环境指一个社会的价值观、风俗习惯、社会成员接受教育的程度等因素。它们会影响企业的生产和经营。

4. 技术环境(technological)

技术环境指一个国家和地区的技术水平、技术政策、新产品开发能力及技术发展的动向等。例如，产业园区为园区中的企业提供了良好的技术环境。

5. 自然环境(nature)

自然环境是指企业所处生态环境和相关自然资源。企业一定要保护好所处地区的环境，承担自己的社会责任。

(二) 行业环境分析

行业环境是指对企业经营活动有直接影响的外部环境。

美国战略学家波特提出了五种竞争力模型，如图2-1所示。

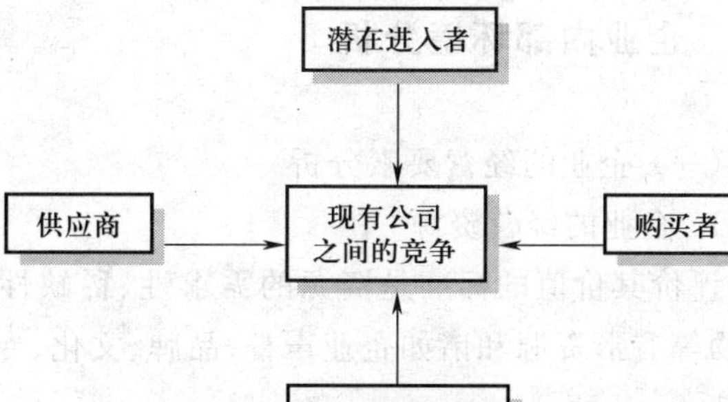

图2-1 波特“五力模型”

1. 供应商

供应商少，为客户服务集中，其提

供的产品与众不同，有能力构成前向一体化，则供应商的议价能力强。

2. 购买者

购买者数量少，购买量大，所购产品差异小，有实现后向一体化能力时，购买者影响力大。

3. 现有竞争者及竞争强度

这是五种竞争力中最大的竞争力量。

4. 潜在进入者的力量

新进入者构成的威胁程度取决于行业进入障碍以及原有竞争者对新竞争者有效反应的能力。

5. 替代产品或服务的威胁

替代产品是指能够满足顾客需求的其他产品。包括行业内更新换代产品以及其他行业所提供的具有相同功能用途的产品。

（三）微观环境分析

微观环境是指企业在日常经营管理中联系比较紧密的外部客观因素和条件。

1. 消费者

根据企业提供产品的不同，分析相应的消费群体的偏好和习惯。例如，奢侈品生产企业产品的重点是设计和品位；低档必需品的生产企业应把产品定位于物美价廉、经济适用上。

2. 供应商

供应商是指向企业提供生产产品或服务的资源的组织和个人。

3. 中间商

中间商是指协助企业推广、分配和销售产品给最终消费者的机构或个人。

4. 竞争者

分析同行竞争者、潜在竞争者、替代产品或服务的威胁，包括产品、价格、服务等。

5. 社会公众

社会公众一般包括具有社会影响力的新闻界，作为融资渠道的金融界，作为集团购买力和政策制定者的政府机构。

二 企业内部环境分析

（一）企业的经营要素分析

1. 企业的经营资源

评价其价值的标准是资源的需求性、稀缺性和不可模仿性。企业的经营资源包括人、财、物等有形资源和诸如企业声誉、品牌、文化、专利、商标、积累的知识、技术、经验等的无形资产。

2. 经营能力

经营能力是指企业经营者利用企业各种资源达到经营目标的能力，包括决策、组织实施、技术开发、市场开拓、创新能力等。

（二）市场份额和市场地位分析

1. 企业产品的市场份额分析

对企业产品的市场份额进行分析，主要是要分析市场份额数量和市场份额质量。分析市场份额数量时，关键是如何定义企业的市场，包括产品线及地理区域范围的界定。衡量市场份额质量的标准是顾客满意率和顾客忠诚率。

2. 市场地位分析

（1）市场领导者。市场领导者是指有较高市场占有率，在价格变动、新产品开发、推广、分销渠道选择上占主导地位的企业。

（2）市场挑战者。市场挑战者是指市场上处于次要地位的企业。

（3）市场追随者。市场追随者是指通过效仿领导者而提供类似产品，以便获得较稳定的市场份额的企业。

（4）市场补缺者。市场补缺者是指关注被大企业忽略的市场部分的小企业，通过专业化经营获取收益的企业。

（三）评价内部战略要素

1. 历史（纵向）分析

历史分析主要通过研究企业资源状况评估企业动态能力。

2. 行业（横向）比较

行业研究主要了解企业在行业中的地位。

3. 基准化分析

基准化分析是对最佳业务进行研究，建立与其有关的衡量业务状况的标准。

第三节 企业总体战略与竞争战略

一 总体战略

（一）总体战略概念

总体战略又称公司战略，是指为实现企业总体目标，对企业未来发展方向作出的长期性战略。总体战略是统筹各项分战略的全局性指导纲领，重点是确定企业经营范围和在企业内部各项事业单位之间进行资源分配。

（二）总体战略分类

总体战略包括稳定型战略、增长型战略、紧缩型战略和组合型战略。

1. 稳定型战略

稳定型战略是指在内外环境的约束下，在战略规划期，使企业的资源分配和经营状况基本保持在目前状态和水平上的战略。它包括两种基本类型：

（1）阻击式防守战略。阻击式防守战略的指导思想："最有效的战略是完全防止竞争较量的发生。"

（2）反应式防御战略。反应式防御战略指在对手进攻发生以后，针对进攻的性质、特点和方向，采取相应对策，施加压力，以维持原有的竞争地位和经营水平。

2. 增长型战略

增长型战略是指在现有战略起点的基础上，向高一级目标发展的一种总体战略类型。如更高的销售额、更大的市场份额等。增长可以通过直接扩张、合并同类企业或多元化经营的方式实现。它包括三种类型：

（1）横向一体化扩张。横向一体化扩张包括原有产品生产、销售扩大，功能和技术扩展，国际市场和新客户扩展。

（2）纵向一体化扩张。纵向一体化扩张是指企业向原生产活动的上游和下游生产阶段扩展，包括后向一体化和前向一体化。后向一体化指企业介入原供应商的活动，向原生产活动的上游生产阶段发展，如化工企业向石油冶炼、采油方向扩展。前向一体化指控制原属客户公司的生产经营活动，向原生产活动下游发展，如化工企业向塑料制品、人造纤维方向扩展。

（3）多样化扩张。多样化扩张指生产不相关产品。希望集团采取多样化扩张战略，使业务领域扩张到电子、电力、中央空调、建筑、化工、酒店、食品、旅游、金融等领域。

3. 紧缩型战略

紧缩型战略指从目前的战略经营领域和基础水平收缩和撤退，且偏离起点战略较大的一种经营战略。它包括以下三种类型：

（1）抽资转向战略。抽资转向战略一般发生在成本上升，需求下降，财务周转不灵的情况下。该战略通常可以采取调整企业组织、降低成本和投资、减少资产、加速回收企业资产等措施来实现。

（2）放弃战略。放弃战略指转让、出卖或停止经营一个或几个主要部门。

（3）清算战略。清算战略指卖掉资产或停止整个企业的运行，即终止一个企业的存在。

4. 组合型战略

组合型战略指同时实行两种或多种战略。

小链接

菲力浦·莫里斯公司的组合战略

瑞士糖、奇妙酱、Tang果珍、麦斯威尔咖啡是哪家公司生产？可能很多同学会认为是美国卡夫食品公司的产品。其实，这些产品都出自美国烟草大王菲利浦·莫里斯公司的门下。在全世界禁烟运动风起云涌的形势下，菲利浦·莫里斯公司面临着美国消费者的巨额赔偿的指控，面对巨大的压力，公司制定了向食品行业谋求突围的多样化扩张战略。在买下卡夫、麦斯威尔等品牌之后，菲利浦·莫里斯公司以其子公司卡夫食品的形象出现并获得了成功。全球无数的禁烟主义者在购买上述品牌时，在痛恨“万宝路”香烟的同时，并不知道站在这些品牌背后的正是烟草大王——菲利浦·莫里斯公司。

该公司成功地使用了组合型战略：在烟草业务领域暂时实行抽资转向战略，转向食品业务领域，实行多样化扩张战略。

二　竞争战略

（一）竞争战略的概念

竞争战略是指如何在选定的行业和领域内与对手展开有效的竞争，主要解决竞争手段的问题。

（二）竞争战略的分类

竞争战略包括基本竞争战略和竞争战略的三角模型。

1. 基本竞争战略（迈克尔·波特）

战略管理学家迈克尔·波特提出三种基本竞争战略，它们是成本领先战略、差异化战略和集中化战略。图 2－2 为三种基本竞争战略。

	成本优势	产品优势
整个行业	成本领先战略	差异化战略
特定行业	集中化战略	

图 2－2　三种基本竞争战略

（1）成本领先战略。成本领先战略，又称低成本战略，是指企业通过有效途径降低成本，获得成本竞争优势。20 世纪 60 年代初，大多数摩托车的售价在 1 500 美元以上，本田公司制定成本领先战略，以每辆 300 美元以下的轻便省油摩托车占据美国 70％的摩托车市场。

（2）差异化战略。差异化战略是指企业产品与竞争对手有明显区别，形成产品竞争优势。苹果手机以品位、优雅、尊贵、时尚等元素获得同类产品无可比拟的产品优势。

（3）集中化战略。集中化战略又称聚焦战略，是指企业经营活动集中某一特定购买者集团、产品线或地域市场。如有的企业只做政府项目。

2. 竞争战略的三角模型（如图 2－3）

（1）用户一体化战略。用户一体化战略是指企业将提高用户价值为己任，力求通过企

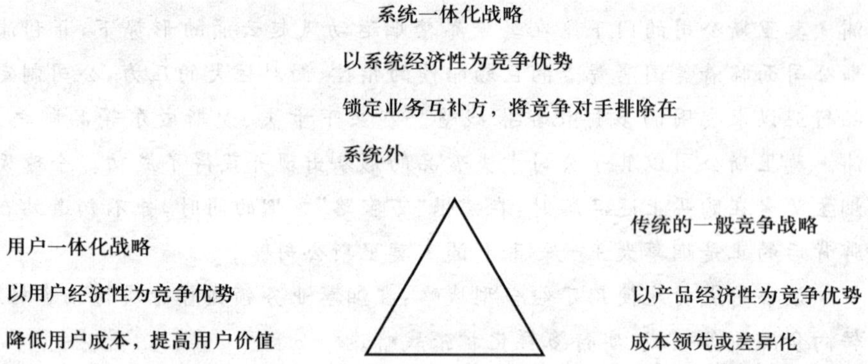

图 2-3 竞争战略三角模型

业的活动来降低用户个别成本，从而提高用户的价值。用户不再是企业的外部环境，而是企业的内部成分之一，如与用户一起开发新产品、按用户要求安排自己的系统等。

（2）系统一体化战略。系统一体化战略是指企业以与企业活动有直接关系的整个系统的优势作为竞争优势的基础，以形成系统经济为其活动的经济基础，即企业与其他具有直接业务互补关系的企业的活动成为统一的活动系统，以达到资源共享、优势互补的目的。例如，计算机软件商及硬件商、音响设备制造商及CD盘的制造商。

（3）传统的一般竞争战略。传统的一般竞争战略是波特的成本领先战略和差异化战略。

小链接

百事可乐的竞争战略

1. 百事可乐公司新战略的背景

百事可乐公司是一家拥有饮料、零食及饭店三大业务的多元化产品公司，饮料业务主要是百事可乐。饭店业务主要包括肯德基、必胜客等快餐连锁店。百事可乐公司饮料业务在与可口可乐的竞争中，除少数时间拥有辉煌外，一直处于下风。1996年，百事可乐公司的股价全年未涨，而此时百事可乐最主要的竞争对手可口可乐公司的股票升值了42%，投资者对百事可乐公司的业务增长表示出越来越大的担心。

2. 制定新的战略——全球“加减法”战略

为改变百事可乐公司的增长颓势，百事可乐公司CEO恩里克决定对整个百事公司进行大规模的重组，重组的基本战略就是让百事可乐公司回归自己的主业——饮料食品，这一战略被媒体评论为“走向成功的加减法”。

（1）减法。1997年，百事可乐公司把其餐饮部分从系统中分离出来，使之成为一家独立的上市公司，即百胜全球公司（Tricon Global，现公司名为YUM!）。该集团旗下拥有肯德基、必胜客、TacoBell三个著名餐饮品牌，在全球100多个国家拥有3万家餐厅。这也是历史上最大的一次公司内部分离。通过快餐业分离，经营管理权下放到新设公司，百事集团仍然对该公司享有收益权，这样分离保证了快餐公司在资金上自主而非总部进行资金调配，解决了饮料制造和快餐业争夺资源的矛盾，而保留了快餐网络支持可乐销售的功能。

(2) 加法。在分离快餐业务的同时，百事可乐公司加强了其在饮料食品业务上的运作。1998年，在全球市场收购了拥有世界头号纯果汁品牌——“都乐”的纯品康纳（Tropicana）公司。2000年12月，经过艰苦谈判，百事可乐公司以高达141亿美元的代价以换股的方式成功并购全球最大的运动饮料企业——桂格公司。桂格所拥有的“佳得乐”是美国运动饮料的领导者，拥有80%的市场占有率，每年以7%的速度增长。除了占40%的“佳得乐”运动饮料，桂格还是世界早餐的佼佼者，产品包括燕麦片、生命系列谷物食品和各种小吃。并购后，百事可乐公司从此成为非碳酸饮料的领袖，占据了非碳酸饮料25%的市场份额，是可口可乐同领域的1.5倍。桂格的早餐系列产品则补充了百事的快餐业。双方发达的配送系统，强有力地推动了并购后的百事饮料与食品业的发展。

3. 战略调整终获成功

在2004年4月《福布斯》杂志评选的“全美最有价值公司品牌”中，百事公司以561亿美元位列前十名，首次超越一直以品牌价值为傲的可口可乐。同时百事的股价也在一年多来开始领先于曾经是自己股价两倍的对手。对百事这家曾经一度请求可口可乐收购自己的公司来说，无疑是“君子报仇，十年不晚”，打了一个漂亮的翻身仗。目前，公司在碳酸饮料、非碳酸饮料、休闲食品等各部门发展均衡，呈现出长期可持续发展的潜力，而可口可乐却只是在碳酸饮料市场上比较成功。

课堂活动

如何以弱胜强

1989年，Intuit和微软直接碰撞。力量对比是：Intuit公司拥有50名雇员，年销售额1 900万美元；微软公司拥有4 000名雇员，同期收益8亿美元。挑起争端的原因是微软公司提出的兼并提议被Intuit否决后，微软执意进入Intuit赖以生存的财务软件市场，意图获取领导性竞争地位。对抗的结果是：直到1993年，Intuit仍然保有60%的市场占有率而令微软束手无策。Intuit的胜利似乎是不可思议的，因为从资金实力上看，微软放在银行里的现金储备就足够买下4个以上Intuit（1994年，该公司的市价仅为10亿美元）；从智力储备上看，微软用诱人的股票期权网罗了很多顶尖的软件开发人员，在人员素质以及人员数量上都占有压倒性的优势；对Intuit更为不利的是，从时效性上看其开发的Quicken的Windows版也不如微软参与竞争的产品“Money”。Intuit的胜利昭示了一点：企业竞争中，强弱不是绝对的，一个有效的竞争策略加上公司资源的合理配置和使用，往往起到决定性的作用，因为巨人也并非无懈可击。微软没有最先认识到家用软件潜在的商机，这给予Intuit生存的机会。该公司把自身定位在为顾客提供解决财务难题方法的公司，除帮助他们开支票、结算支票簿和支付账单以外，还提供特别票据和表格等非软件形式的服务，而微软直到1989年才开始意识到自己的失误。

请同学们分成几个小组进行讨论并思考：

1. Intuit采用什么战略得以在与微软对抗中取得成功？

2. 微软公司拥有绝对的资金和人员优势，Intuit为何还能取得这样的成功？

3. 你认为Intuit下一步该如何操作，才能保持这一成功？

第四节 企业战略管理的步骤

一 企业战略管理的概念

企业战略管理是指企业面对千变万化的市场，根据企业的内部环境和外部环境设定企业的战略目标，并为保证目标的正确落实和实现进行谋划的过程控制。

二 企业战略管理过程

企业战略管理过程包括战略分析、战略选择与制定、战略实施与控制三个阶段。

1. 战略分析

战略分析是评价影响企业目前和今后发展的关键因素，并确定在战略选择步骤中的具体影响因素，包括评价企业当前使命、目标、战略、业绩等；内外部环境分析；根据当前情形重新定义企业使命和目标。

2. 战略选择与制定

战略选择与制定是指制定战略选择方案、评估战略备选方案、确定战略实施方案。

（1）企业战略的选择。战略选择的标准通常包括战略组合内部是否具有一致性，战略与环境能否保持一致，战略与公司拥有的资源是否匹配，战略执行时所遇到的风险是否适当，战略是否具有明确的时间结构，战略是否切实可行。

战略选择可以借助于一定的战略评价方法和模型来进行，其中一个较常用的方法是大战略矩阵的方法。

大战略矩阵是一种常用的制定备选战略的工具，在市场增长率和企业竞争地位不同组合情况下，指导企业进行战略选择的一种指导性模型。它可以将企业的战略地位都置于如图2-4所示的大战略矩阵的四个战略象限中，并加以分析和选择。

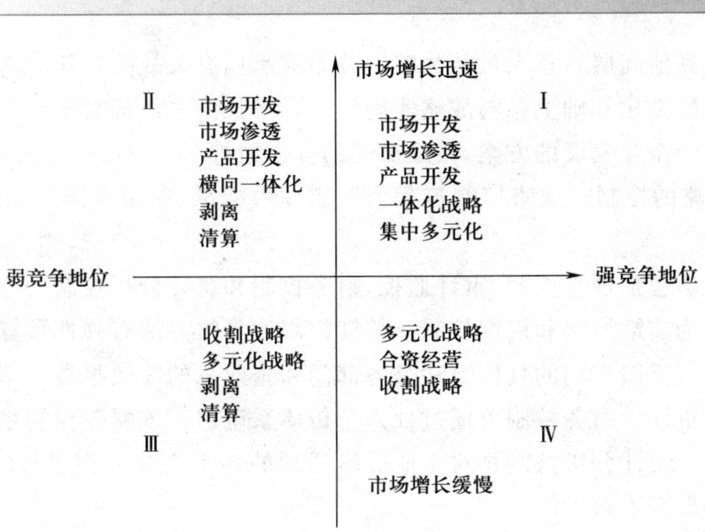

图 2-4　大战略矩阵

在图 2-4 的第Ⅰ象限中，公司处于极佳的战略地位。应继续集中经营于当前的市场（市场开发、市场渗透）和产品（产品开发）；当资源过剩时，采取一体化战略；当过分偏重于单一产品时，可采取集中多元化战略，降低产品线狭窄的风险；必要时可冒险进取。在第Ⅱ象限时，企业应认真分析竞争方法为何无效，应采取加强型战略（市场开发、市场渗透、产品开发）和横向一体化战略；可将处于战略次要地位的业务剥离或清算，为企业提供所需资金。在第Ⅲ象限时，企业应实行收割战略，大幅减少成本或投入，将资源转向其他业务领域；最后实行剥离或清算战略迅速撤离该产业。在第Ⅳ象限时，公司具有较大的现金流量，可采取多元化战略；还应在原产业中求得与竞争对手合作和妥协，采取横向合并或合资经营。

（2）企业战略的制定。企业战略的制定程序一般依次为识别现行战略、分析外部环境、分析内部环境、准备战略方案、评价和比较战略方案、确定战略方案。

3. 战略实施与控制

战略实施与控制是指将战略转化为行动，实施与执行战略计划，并进行评价和控制。

（1）企业战略的实施。战略实施通常需要在“分析—决策—执行—反馈—再分析—再决策—再执行”中不断循环。企业战略实施包含发动、计划、运作、控制与评估四个互相联系的阶段。

在发动阶段，对企业管理人员和员工进行培训，灌输新思想，调动员工实现新战略的积极性和主动性。计划阶段将经营战略分为几个实施阶段，每阶段都有目标、政策措施、部门策略和相应的方针。战略是否有效运作与领导素质和价值观、组织机构、文化、资源结构与分配、信息沟通、控制及激励制度有关。控制与评估的目的在于使用环境的变化，主要是建立控制系统、监控绩效和评估偏差、控制及纠正偏差。

战略实施的模式有指挥型、变革型、合作型、文化型和增长型五种。

指挥型是指总经理确定战略后，向高层管理人员宣布企业战略，然后强制下层管理人员执行。变革型是指总经理对企业进行诸如建立新组织机构、建立信息系统、变更人事等。合作型总经理会让其他高层管理人员从战略一开始就承担有关战略责任。文化型总经理会使全体员工在共同的文化基础上参与战略实施活动。增长型总经理会激励下层管理人员提出基本可行的有利于企业发展的方案，鼓励员工的首创精神。

(2) 企业战略的控制。战略控制流程为制定绩效标准、衡量实际绩效、审查结果、采取纠正措施。

战略控制方法包括预算控制、审计监控、财务控制和统计分析控制。

预算控制分为前馈控制和反馈控制。前馈控制的具体方法有弹性预算、零基预算、标准成本和责任中心。反馈控制的具体方法是各部门和企业总的绩效报告。审计监控分为财务审计和经济效益审计。财务控制可通过杜邦分析体系说明。该财务控制系统特别适合产品多样化的大企业。统计分析控制是对企业战略活动的各个主要方面进行统计分析，并提供准确有效的统计数据资料。

思考及习题

1. 基本概念

企业战略　企业战略管理　企业环境　总体战略　竞争战略

2. 简答题

(1) 企业战略作用是什么？

(2) 企业战略有哪些分类？

(3) 企业环境的分析要点有哪些？

(4) 企业战略的制定程序是怎样的？

3. 实训题

某食品企业主要有三种产品，主要在北京地区生产和销售。该企业最近有以下几件事需要处理：

第一，聘请专家对企业存在的问题进行了诊断，专家发现企业内部的生产流程不合理，因而造成成本居高不下，隐性成本无法核算，于是企业筹划对生产流程进行改造。

第二，目前三种产品的销售情况不错。市场需求旺盛，订单较多，由于工作人员的疏忽，出现了一些订单漏登，个别送货时间、品种与数量出现差错现象，一些客户有些怨言。

第三，食品属于时限性很强的产品，各销售点的订货量相对较少，订货频繁，周期短。该企业的物流配送一直是一个大问题。有一家专业的物流企业希望能利用自身的专业化优势来承担企业的物流配送任务。

第四，企业目前的产品的目标顾客是老少皆宜，即全方位的顾客。有人提议企业应专门开发针对儿童和针对白领阶层的高档次的营养食品。

问题：请你就上述几个事件，根据企业战略管理的理论进行分析，判断哪些事件与战略有关，哪些无关，并说明理由。

案例分析

案例1：海滨宾馆的战略

海滨宾馆位于滨海市的一个度假村内，几十年来，一直以精美的海鲜和良好的设施著称。海滨宾馆近年来业务没有扩展，利润在下降，宾馆建筑已经出现老化迹象。上一年度宾馆营业额仅为560万元。就其客房数而言，这个数字表明收益平平。海滨宾馆的营业额由以下几部分组成：食品占49%，饮料占28%，住房占16%，其他占7%。显然，食品是海滨宾馆的强项。许多附近旅馆的游客也到海滨宾馆就餐，许多常客来自远离10千米外的城市。度假村除了海滨宾馆还有两家很新、规模大的宾馆，经营效益很好。

该市周围地区气候温和，5～10月是旅游旺季。海滨宾馆终年营业，但每年的11～4月期间很少有旅客住。

思考：

1. 影响海滨宾馆的环境因素有哪些？

2. 海滨宾馆可以考虑采取什么战略来应对目前面临的状况？

3. 如何开展该战略？

案例2：泛美航空公司

泛美航空公司是美国境外的一家航线最广、历史最久的航空公司，也是美国国家航运业的化身。经过50多年的发展，至1980年年初已成为全美第三大航空公司。

1927年，美国的航空业还处于初创时期。这一年泛美航空公司创建。20世纪30年代初，特里普为美国首次开通了横越太平洋的航线，泛美从此声名鹊起。到20世纪40年代后期，泛美已经成为世界上最大的航空公司，具备了全球航运的能力。第二次世界大战期间，泛美与政府间合作密切，取得了迅速的发展。

1980年，泛美航空公司进行技术改造，淘汰老旧费油的20架B707客机，选择洛克希德制造的L1101－500型宽体客机。但就在此时，与波音707性能相似，但成本更低的新型飞机纷纷上市，如麦道公司的MD80、波音公司的波音757、波音767等。相形之下，L1101－500型飞机的单位飞行成本，比其他新机种高得多，泛美航空公司为此后悔不迭。为了摆脱困境，泛美航空公司不得不抛售一些贵重的非空运财产。但尽管采取了“拆东墙补西墙”的办法，在1988年美国8家最大的民航公司排名中，泛美仍位居最后。1990年7月开始的美国经济衰退和接着爆发的海湾战争，使所有美国航空公司生意清淡。泛美航空公司更是捉襟见肘，于1991年12月4日宣告破产，成为该年倒闭的第三家美国大民航公司。

思考：

1. 泛美航空公司倒闭的原因是什么？
2. 泛美航空公司的倒闭对你有何启示？

第三章　企业经营决策与计划

引导案例

曾经的宠儿变成了弃儿

1962年，英法航空公司开始合作研制“协和”式超音速民航客机，其特点是快速、豪华、舒适。经过十多年的研制，耗资上亿英镑，终于在1975年研制成功。十几年时间的流逝，情况发生了很大变化。能源危机、生态危机威胁着西方世界，乘客和许多航空公司都因此而改变了对在航客机的要求。乘客的要求是票价不要太贵，航空公司的要求是节省能源，多载乘客，噪音小。但“协和”式飞机却不能满足消费者的这些要求。首先是噪声大，飞行时会产生极大的声响，有时甚至会震碎建筑物上的玻璃。再就是由于燃料价格增长快，运行费用也相应地大大提高。这些情况表明，消费者对这种飞机需求量不会很大。因此，不应大批量投入生产。但是，由于公司没有决策运行控制计划，也没有重新进行评审，而且，飞机是由两国合作研制的，雇用了大量人员参加这项工作，如果中途下马，就要大量解雇人员。上述情况使得飞机的研制生产决策不易中断。后来，两国对是否要继续协作研制生产这种飞机发生了争论，但由于缺乏决策运行控制机制，只能勉强将决策继续实施下去。结果，飞机生产出来后卖不出去，原来的宠儿变成了弃儿。

思考：

“协和”式飞机由宠儿变成弃儿的原因是什么。

学习目标

了解企业管理决策和计划的类型，掌握企业管理决策和计划的概念、内容、程序和方法，熟悉计划的编制程序，能够运用所学知识进行初步的科学决策、经营计划编制。

第一节 企业经营决策

一 决策的概念

“决策”一词会被一些人认为是组织中的领导在面临组织转型或生死存亡之时所做出的重大决定。其实不然，在我们的日常生活中决策无处不在，比如，肚子饿了吃什么、穿什么样的衣服、周末到哪里去玩等。所以决策者不一定就是领导，决策的内容也可能是些日常的事情。那么，决策到底指的是什么？它又是如何定义的呢？

决策的概念至今探讨者众多，较为常见的如：“所谓决策，是指组织或者个人为了实现某种目标而对未来一定时期内有关活动的方向、内容及方式的选择或者调整”(周三多,1999);“从两个以上的备选方案中选择一个的过程就是决策”(杨洪兰,1996) 等。尽管说法略有差异,但究其内涵并无实质性区别。

为便于学生更加全面地理解决策的含义,本书将其定义为:决策者为解决面临的问题,实现目标,在充分收集相关信息的基础上,借助一定的科学方法,从若干个可行方案中选择一个满意方案,并付诸实施的过程。

因此,决策首先要有明确的目标,决策因为解决出现的问题而产生,没有问题就没有决策。由于有了问题,才会为了解决这个问题提出目标并为达到目标而采取行动。其次,做决策必有多个方案备选,若没有选择便无须决策。再次,决策时要进行分析、判断,要收集足够多的信息,从而更合理客观地选择方案,并且选择的是较满意的方案而不是最优方案。最后,决策是一个过程,而不仅仅是一个决定,它是一个发现问题、确定目标、收集信息、分析判断、实施方案、解决问题的全过程。

企业经营决策,是指企业通过运用科学的分析方法,从多个可行性经营目标方案中选择一个较为满意的方案并将其付诸实施的过程。

二　企业决策的类型

企业决策根据决策问题的不同而划分出不同类型。一般情况下,有以下几种标准类型。

(一) 按决策的重要程度划分

根据决策的重要程度将其划分为经营决策、管理决策、业务决策。

经营决策,又称为战略决策,是关系到企业生存发展的具有全局性、长期性特点的决策。比如,确定企业的经营方向和经营目标,企业上市,收购与兼并,技术引进,新产品开发,市场开拓等。这类决策涉及时间长、范围广,较复杂,一般由高层管理者制定。

管理决策,又称为战术决策,是为确保经营决策的实现而做的决策,往往是对企业人、财、物资源的合理配置及对备选方案的选择,一般比较具体,具有局部性的特点,如资金筹措、人员安排等。这类决策一般由中层管理者制定。

业务决策,又称日常管理决策,是处理企业日常业务的决策,具有日常性、琐碎性等特点。如员工值班时间安排、每天产量等。一般由基层管理者制定。

(二) 按企业决策的重复性划分

根据企业决策的重复性将其划分为程序性决策和非程序性决策。

程序性决策,又称重复性决策或规范化决策,是指由于这类问题经常发生,重复不断,从而制定出一套固定的决策程序,周而复始地用于解决这类问题,将决策过程程序化、标准化。比如,当库存货物剩余到一定数量时,相关管理者就会自觉采购货物使其存量达到标准要求量。

非程序性决策,又称一次性决策,是针对偶发的、无先例可循的问题而做出的决策。往往决策者以前从没遇到过这类问题,需要依靠自己的智慧、经验、直觉、分析判断力等来解决它。比如,新产品的开发、新市场的开拓、新技术的投资、组织面临重大变革等。

(三) 按企业决策面临的环境划分

根据企业决策面临的环境将其划分为确定型决策、风险型决策和不确定型决策。

确定型决策所面临的环境是可以预测的,在已知的未来环境下,各备选方案的结果也是明确的,即每一个方案只有一个结果,决策者只需对比各方案结果哪个更好,就可以作出选择。因此,确定型决策相对可靠。

风险型决策所面临的环境有几种可能的情况和相应的后果,决策者无法掌握未来环境的所有信息,但可以预估出每种情况和后果出现的概率,即每一个方案有两个或两个以上的结果,但结果出现概率可预估。如对利润、效益的决策都是风险型决策。这类决策就有了一定的风险。

不确定型决策所面临的环境出现的情况无法预测,其结果也无法知晓,全凭决策者的经验和主观判断,即每个方案有两个或两个以上的结果,但结果出现概率不能预估。此类决策风险最大。

(四) 按企业决策性质划分

根据企业决策性质将其划分为定性决策和定量决策。

定性决策,又称非计量决策,是决策者根据自身的经验或者参与决策的人群的智慧和经验所做出的决策。它全凭决策者的主观认识判断,因此人的经验、文化水平、思维方式对其影响很大。

定量决策,又称计量决策,是决策者采用数学方法和数学模型来进行决策的方法。它可以解决复杂的问题,让决策更科学、更便捷。

根据企业决策影响的时间长短,还可以将其划分为长期决策、中期决策、短期决策等。

三 企业决策程序

(一) 影响企业决策的因素

在企业决策的过程中,影响决策的因素很多,其中最主要的因素有以下几个。

1. 环境

环境对企业决策的影响是显而易见的。环境的变化影响着企业决策的不同选择。比如,出口型企业在世界经济大环境良好的情况下,会继续做好做大对外贸易,保持自己的经营方向不变甚至增加经营内容。而2008年美国次贷危机演变成“百年一遇”的国际金融危机后,全球经济金融形势急剧变化,逐步陷入深度衰退,新兴市场和发展中经济体受到拖累,出口大幅下降,在这样一种环境下企业纷纷改变经营方向由外转内,以求得生存。

2. 过去的决策

企业决策一般情况下都是在过去决策的基础上进行完善、调整或改革的。也就是说,过去的决策是现在决策的起点,过去选择的方案的实施,不仅伴随着人力、物力、财力等资源的消耗，而且伴随着内部状况的改善，带来了对外部环境的影响。

过去决策对现在决策的制约程度，主要取决于现任决策者与过去决策的关系。如果现任决策者与过去重大决策没有很深的渊源，则可能有重大改变。反之，如果过去的决策是由现任决策者制定的，那么决策者往往因为要承担过去决策的后果，也为保证决策的连续性，通常不会对企业活动进行大幅调整，而是仍将大部分资源投到过去未完成方案的执行中。

3. 决策者对风险的态度

风险即可能的失败。决策是人们确定未来活动的方向、目标和内容的行为，因为人的认知能力有一定的局限性，对未来的预测情况和最终出现的实际情况存在差别，因此作决策就会有风险。决策者对风险不同的态度会影响决策方案的选择。有人喜欢冒险，在多个备选方案中趋向于选择风险大、收益大的方案；而另一些人比较慎重或保守，在多个备选方案中更愿意选择风险小的方案。因而决策者对风险的态度会对决策的选择产生重大影响。

4. 企业文化

企业文化意味着一个企业的价值观，这些价值观构成公司员工活力、意见和行为的规范，会影响、制约管理者所有管理职能的决策选择。

例如，微软公司拥有辉煌业绩，它的成功可以说不仅在于科技创新和优异的经营管理，更重要的是创设了知识型企业独特的文化个性。比如，管理创造性人才和技术的团队文化：微软文化能把那些不喜欢大量规则、组织、计划，强烈反对官僚主义的PC程序员团结在一起，遵循“组建职能交叉专家小组”的策略准则，授权专业部门自己定义他们的工作，招聘并培训新雇员，使工作种类灵活机动，让人们保持独立的思想。经理人员非常精干且平易近人，从而使大多数雇员认为微软是该行业的最佳工作场所。这种团队文化为员工提供了有趣的、不断变化的工作及大量学习和决策的机会。

（二）决策过程

决策容易被一些人简单地认为是在多个方案中进行选择。其实决策是一个从识别问题到方案确定，最终评估效果的过程，而不仅仅只是对多个方案进行选择这一项程序。在现实生活中，导致决策失败的一个重要原因就是没遵循科学的进程进行决策。因此，学习、掌握科学的决策进程，有利于提高决策的成功率。一般而言，决策的过程大致包括了识别问题、确定决策目标、拟订备选方案、分析方案、选择方案、实施选定的方案与评估效果六个步骤。

1. 识别问题

决策是为解决企业存在的问题而进行的，没有问题就没有决策。问题就是实际结果与预期效果之间的差异。比如，某企业预计今年年销售量200万件，年底清算只售出50万件，则其问题明显是严重滞销。

当然，仅仅发现问题是不够的，还要区别问题。比如还是这家企业，在这一年内还发生了一些事情：原计划扩大企业规模，却难以筹到足够资金；在职员工不满目前的待遇，联名申请上调工资；员工食堂被多次投诉等。这些都是问题，都有待解决，都需要进行决策，但我们必须区分出这些问题中哪些是涉及企业全局利益的战略性问题，哪些只是局部性的问题；哪些是程序性问题，哪些是非程序性问题。这样才能将问题分出轻重缓急，由不同层次的决策者解决不同的问题，便于高层决策者集中解决关乎企业生存、发展的重大问题。

2. 确定决策目标

在明确所要解决的问题并确定责任者后，就是要确定问题在一定环境和条件下到一定期限时能解决的某个预测的程度（是可计量的），也就是决策目标。

明确决策目标要注意以下两点。首先，明确企业要实现的是多重目标，而不是只有一个目标。每个时期都会有并只有一个相对重要的目标，随着活动重点的转移，便会发生变化。在选择了主要目标后，要明确它与非主要目标的关系，因为多目标之间既相互联系，又相互排斥，所以要避免在决策实施时将资源过多地投入非主要目标中。另外，由于目标执行会带来有利结果和不利结果，所以要把目标的不利结果限定在一定水平内，一旦超出就必须立即停止目标活动。

3. 拟订备选方案

确定企业目标后，要拟订实现目标的方案。方案要尽可能地多，以便更好地解决问题，实现目标。

拟订备选方案时需要注意几点。首先要保证方案是可行的，具体说就是要在制订方案时尽可能详尽，否则没有实际意义。另外，方案与方案之间要相互排斥，如果方案雷同，实际的方案数量就减少了。

4. 分析方案

一旦拟订了备选方案，就要对各方案进行分析评估，找出它们的优点和缺点。分析方案要有一定的评估标准，而标准的依据就是要能更好地解决问题。我们前面讲的问题就是实际结果与预期效果的差异，那么要解决问题首先是要找出出现差距的关键因素，所以能解决这个因素就成了评估标准的核心标准。除此以外，我们还应在分析方案时注意两个标准：一是合法，比如一些企业盲目追求经济效益，毫无顾忌地大量排放废弃物，造成环境污染；二是要经济可行，方案实施的条件能否具备，需要付出多大成本，能给企业带来多大利益，这些都是必须考虑的。

5. 选择方案

在对方案进行详细分析后，决策者要从中选出一个满意方案。被选中的方案要能在很大程度上实现决策目标。

由于时间、财力等的限制，决策者不可能收集到与决策目标相关的所有信息，信息是不完整的；决策者由于文化背景、受教育程度、经验阅历等的影响，在对方案进行选择时，并不能做到完全客观。从主客观的角度分析可见，决策者作出的选择通常只是一个相对满意的结果。

6. 实施选定的方案与评估效果

在选定了满意方案后，就需要予以实施。方案的有效执行，需要充足的资源作为保障，高层决策者必须为中层决策者提供这样的保障，以确保方案的顺利实施。

决策过程的最后一步就是评估效果。评估效果包含了两层意思：

第一层意思是指方案还在执行过程中，要不断比较执行过程与预期的目标是否有偏差。如果存在偏差，就要及时调整，确保方案取得预期效果。

第二层意思是指整个决策过程已经完成，这时是对决策结果进行总结和评价，从中吸取经验教训，以免今后重复犯同样的错误，并且还能提高决策者的决策质量和决策水平。

四　企业决策的方法

当前，企业决策的主要方法有两大类：定性决策方法和定量决策方法。定性决策方法是凭借决策者的经验和认知能力而进行决策的主观分析法；定量决策方法是采用数理统计方法进行决策的客观分析法。二者在实际运用中往往是紧密结合在一起的。

（一）定性决策方法

定性决策方法是建立在心理学、创造学等学科的基础上的一种凭借决策者的经验和认知能力，对问题进行分析研究从而决策的方法。但绝不仅仅是依靠个人的经验，而是要集合群体的智慧和经验，集思广益，博采众长，作出理想的决策。此方法适用于非程序性决策。几个主要的定性决策分析法如下：

1. 头脑风暴法

头脑风暴法是一种会议形式的方法，又称自由思考法、风暴式思考法、脑力激荡法，是指与会者在决策会议上积极参与，踊跃发言，在讨论的过程中通过各种思想火花的激烈碰撞，产生出大量的建议、方法。适用于简单、创意性强、严格确定的问题。这个方法是由美国的创造工程学家奥斯本于1939年提出的。

头脑风暴法有别于一般的会议讨论，为产生好的意见、方案，提出以下要求：

（1）会议参与人数，一般为5～10人，最好由不同专业或不同岗位人员组成；会议时间为1小时左右。

（2）会议上禁止批评和评论，但也不必自谦。对别人提出的任何想法都不能批判、不得阻拦。不管是错误的、荒诞的还是绝妙的主意都不得作任何评价。

（3）提出的想法越多越好。会议以谋取设想的数量为目标。

（4）鼓励与会者从他人的设想中激发出新的想法。

（5）与会人员一律平等，各种设想全部记录下来。

（6）主张独立思考，不允许私下交谈，以免干扰别人思维。

（7）提倡与会人员自由奔放、任意想象，主意越新颖甚至越怪诞越好。

（8）主持人对各种想法、意见的评判要放到会议结束以后进行，此前不能对别人的意见提出批评和评价。

课堂链接

盖莫里公司是法国一家拥有300人的中小型私人企业，这一企业生产的电器有许多竞争厂家。该企业的销售负责人参加了一个关于发挥员工创造力的会议后大有启发，开始在自己公司谋划成立了一个创造小组。在冲破了来自公司内部的层层阻挠后，他把整个小组（约10人）安排到了一家小旅馆里，在以后的三天中，每人都采取了一些措施，以避免外部的电话或其他干扰。

第一天全部用来训练，通过各种训练，组内人员开始相互认识，他们相互之间的关系逐渐融洽。

第二天，他们开始创造力训练技能，开始涉及智力激励法以及其他方法。他们要解决的问题有两个，在解决了第一个问题，发明一种拥有其他产品没有的新功能电器后，他们开始解决第二个问题，并为此新产品命名。

在第一、第二两个问题的解决过程中，都用到了头脑风暴法，但在为新产品命名这一问题的解决过程中，经过两个多小时的热烈讨论后，共为它取了300多个名字，主管则暂时将这些名字保存起来。

第三天一开始，主管便让大家根据记忆，默写出昨天大家提出的名字。在300多个名字中，大家只记住20多个。然后主管又在这20多个名字中筛选出了三个大家认为比较可行的名字。再将这些名字征求顾客意见，最终确定了一个。

结果，新产品一上市，便因为其新颖的功能和朗朗上口、让人回味的名字，受到了顾客的热烈欢迎，迅速占领了大部分市场，在竞争中击败了对手。

资料来源：熊勇清. 管理学. 湖南：湖南人民出版社，2006.

2. 德尔菲法

德尔菲法又称专家意见法、函询法，是由美国兰德公司提出的。它是集专家个人预测和专家会议法优点的一种方法。其特点是用书面的方式和专家联系，而不是采用会议形式。它以匿名的形式通过多次咨询，征求专家意见。主持人对每一轮的意见进行归纳整理，以参考资料的形式分发给各个专家，专家据此得出新的结论，再以书信形式发给主持人，主持人再次归纳整理后又传给专家。如此循环往复多次后，当专家的意见趋于一致时，这一致的结论就是最终答案。这种办法采用匿名方式征询专家意见，专家互不见面，不私下交流，各自发表本人的观点，分析、判断不受他人影响，不存在屈从权威的情况，较为客观，预测结果往往比较准确。

德尔菲法的过程分为：准备阶段、预测阶段、结果处理阶段。

（1）准备阶段。主要工作是确定目标和参与的专家。

（2）预测阶段。第一次，发出第一轮调查表，表中只提问题，没有约束条件。围绕问题由专家提出意见，主持人对专家填写后寄回的调查表进行汇总、归纳。第二次，发给专家第二轮调查表，由专家作出评价并给出理由，主持人对专家意见进行统计处理。如此多次往复，最终得出一致意见。

（3）处理阶段。对结果进行分析处理，这是一个重要阶段。

小知识

德尔菲法是在20世纪40年代由赫尔默和戈登首创。1946年，美国兰德公司为避免集体讨论存在的屈从于权威或盲目服从多数的缺陷，首次用这种方法进行定性预测。后来该方法被广泛采用。20世纪中期，当美国政府执意发动朝鲜战争的时候，兰德公司又提交了一份预测报告，预告这场战争必败。政府完全没有采纳，结果，战争一败涂地。从此以后，德尔菲法得到广泛认可。

德尔菲是古希腊地名。相传太阳神阿波罗（Apollo）在德尔菲杀死了一条巨蟒，成了德尔菲主人。在德尔菲有座阿波罗神殿，是一个预卜未来的神谕之地，于是人们就借用此名，作为这种方法的名称。

资料来源：摘自MBA智库网.

（二）定量决策方法

定量决策方法主要是运用数理统计方法，建立数学模型，通过计算得出结果，再进行比较，选出最佳方案的决策方法。此方法适用于程序性决策。定量决策方法一般分为确定型决策方法、风险型决策方法、非确定型决策方法。

1. 确定型决策方法

确定型决策方法也叫标准决策或结构化决策。由于确定型决策有多个可供选择的方案，每个方案仅有一个结果且结果是确定的，决策者可以较为容易地从中选取满意的方案。这种决策，约束条件明确，能用数学模型表示，系统的各种变量及其相互关系是计量的，能建立起确定的一元函数，运用线性规划等方法可求出最佳解答。常用的确定型决策方法有量本利分析法、内部投资收益率法、价值分析法、线性规划法等。这里，我们介绍量本利分析法（盈亏平衡分析法）的基本原理。

量本利分析法是根据产品的生产成本、生产数量和销售利润这三者的关系，建立数学模型，掌握企业盈亏状况，从而依此选择方案。

该方法的具体做法如下：

第一，将企业的生产成本分为固定成本和变动成本，观察商品单价和单位变动成本的差额。

固定成本是指在一定生产规模下，不随产量变化而变化的那一部分成本。比如，固定资产折旧费、办公用品开支、管理人员的工资等。变动成本是指会随产量变化而变化，且成正比例变动的成本。如，原材料费、工人工资等。但就单位产品而言，单位变动成本是固定不变的，单位固定成本是随产量的增加而减少。

第二，确定盈亏平衡点，分析安全经营率。

设产量为 Q，总成本为 C，利润为 I，固定成本为 F，销售收入为 S，单位产品价格为 P，单位产品变动成本为 V，则有以下关系式：

$$S=Q\times P \qquad C=F+QV \qquad I=S-C$$

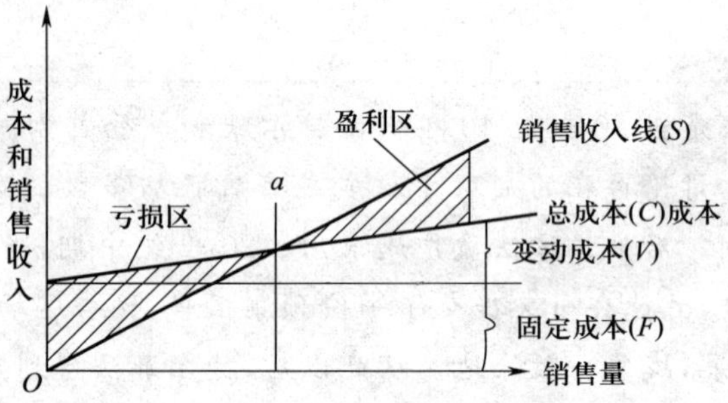

图 3-1 盈亏平衡分析图

(1) 盈亏平衡点(见图 3-1)。

盈亏平衡时：$S-C=0 \quad QP-(F+QV)=0$

盈亏平衡时对应的产量则为：$Q_0=F/(P-V)$

(2) 经营安全率分析。

$$H=(Q-Q_0)/Q\times 100\%$$

上式中，结果越大，经营安全状况越好；反之则亏损可能性越大。企业经营安全状况大致分为五个层次——安全、较安全、一般、需警惕、危险，分别为 30%以上、25%～30%、25%～15%、15%～10%、10%以下。

例 3-1 某产品的销售单价为 1 000 元，去年的销售量为 50 000 件，固定成本为 800 万元，变动成本为 1 000 万元。求盈亏平衡点的销售量。

解：$Q_0=F/(P-V)$ $P=1\ 000$ 元 $F=800$ 万元 $V=10\ 000\ 000/50\ 000=200$ 元

$Q_0=8\ 000\ 000/(1\ 000-200)=10\ 000$ 件

答：该企业盈亏平衡点的销量为 10 000 件。

2. 风险型决策方法

风险型决策方法是一种随机的决策，依据各个方案可能的自然状态发生的概率来计算各个方案的损益期望值，并据此判断方案的优劣。

风险型决策方法的特点是具有决策期望达到的目标；存在可由决策者选择的两个以上的可行方案；每个方案都存在各种自然状态，但是对于各种自然状态决策者无法控制；各种自然状态发生的概率可以估计；方案在各种自然状态发生的损益值可以计算出来。

风险型决策的评价方法很多，本书介绍决策树法。

决策树法是以树形图来辅助决策各备选方案损益值的方法。它直观地显示出决策问题和决策的过程，层次清晰分明，特别适用于复杂的多级决策。决策树的基本形状如图 3-2 所示。

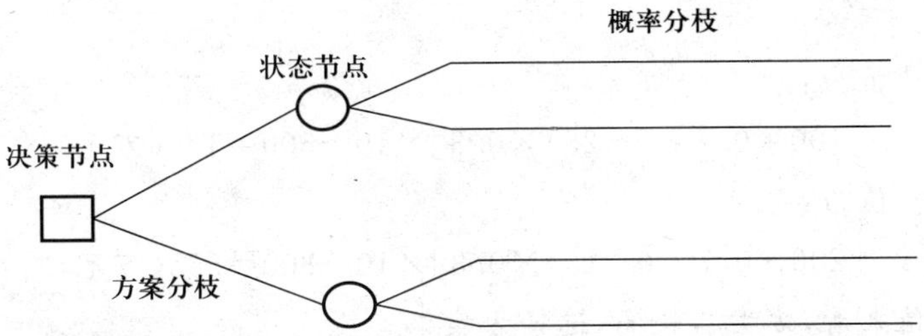

图 3-2 决策树的基本形状图

图中□表示决策节点，从它引出的分枝叫方案分枝，有几个分枝就有几个方案；

图中○表示状态节点，从它引出的分枝叫概率分枝，每一条分枝代表一个自然状态；

运用决策树决策的几个步骤如下：

(1) 绘制决策树，表述相应数据。

(2) 计算出每个方案不同自然状态下的损益值。

(3) 比较各方案的期望值，将期望值小的方案枝剪掉，保留期望收益值最大的方案枝；若是期望损失值，则剪掉期望损失值大的方案，保留期望损失值小的方案。

例 3-2 某企业生产某种产品，可采用的方案为：方案一是建小厂，需投资 500 万元，建成后如果销路好每年获利 100 万元，如果销路差每年亏损 25 万元；方案二是建大厂，需投资 800 万元，建成后如果销路好每年获利 200 万元，如果销路差每年亏损 15 万元。两个方案的使用期限均为 10 年。根据市场预测，产品销路好的概率为 0.7，销路差的概率为 0.3。试用决策树进行决策。如表 3-1。

表 3-1 损 益 资 料

方案	投资(万元)	年收益(万元)		使用期
		销路好(0.7)	销路差(0.3)	
1. 小厂	500	100	−25	10 年
2. 大厂	800	200	−15	10 年

绘制决策树如图 3-3 所示：

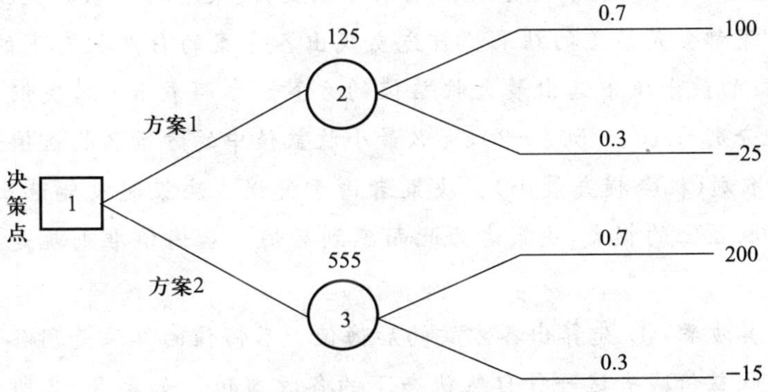

图 3-3 决策树

计算期望值：

节点 2 的期望值为：

$$[100\times0.7+(-25)\times0.3]\times10-500=125(\text{万元})$$

节点 3 的期望值为：

$$[200\times0.7+(-15)\times0.3]\times10-800=555(\text{万元})$$

从期望收益值来看，方案二较高，选择方案二。

3. 非确定型决策方法

和风险型决策一样，非确定型决策也是有多个方案，每个方案都会有不同的自然状态，但却不能像风险型决策那样可以估计出各自然状态出现的概率。比如说，一家人要做出周末去郊游还是待在家里看电视的决策，对此决策有重要影响的客观条件天气却是不受决策者控制的，这就是一个非确定型决策。也就是说，出现哪种自然状态我们不确定，决策的结果我们也是不确定的，只能根据一些主观判断的准则来决策。

非确定型决策的准则有乐观准则、悲观准则、后悔值准则等。

例 3－3 某企业为增加产品产量，制订出了三种不同的方案，虽然产品需求量无法估计，但对不同情况的收益大致可以估计出，有关数据如表 3－2 所示。

表 3－2 损益值表

方案	销路好	销路一般	销路差	最大收益值	最小收益值
1	220	70	10	220	10
2	120	90	－50	120	－50
3	80	50	－20	80	－20

(1) 乐观准则(大中取大)。决策者对未来状况持乐观态度，认为无论采用哪种方案都会取得方案的最好结果。首先要找出各方案的自然状态下的最大值，然后进行比较，选出最大收益值的方案。这种方法决策者所承担的风险也较大。如表 3－2 所示，在最大收益值中方案 1 收益值最大，为最优方案。

(2) 悲观准则(小中取大)。与乐观准则刚好相反，决策者对未来状况持悲观态度，认为无论采用哪种方案都会是最差的结果。首先要找出各方案的自然状态下的最小值，然后进行比较，在各方案的最小值中选出最大收益值的方案。参照表 3－2，我们可以依此找出三个方案的最小值分别为 10、－50、－20，那么最小收益值中的方案 3 收益值最大。

(3) 后悔值准则(机会损失最小)。决策者由于失误在决策时没能选出最佳方案，企业在无形中造成了收益上的损失，决策者为此而感到后悔。后悔值准则就是要力求使后悔值尽量小的原则。

后悔值的计算步骤：① 先算出各方案的后悔值。后悔值的算法是用各方案在某一种自然状态下的最大收益值减去这一种自然状态下的各收益值。如表 3－2 所示在销路好的状态下，最大收益值是 220，那么方案 1 的后悔值是 220－220＝0，方案 2 的后悔值是 220－120＝

100，方案3的后悔值是220－80＝140等。方案2和方案3以此类推，结果如表3－3所示。② 从得出的后悔值中分别找出各个方案的最大后悔值。③ 从找出的各最大后悔值中选出最小者的方案为决策方案。如表3－3所示应选方案1。

表3－3　后悔值表

方案	自然状态下的后悔值			各方案中的最大后悔值
	销路好	销路一般	销路差	
1	0	20	0	20
2	100	0	60	100
3	140	40	30	140

课堂活动

全班十人左右为一个小组，每个小组通过讨论，各提出一个有关学习生活中存在的问题（问题不能重复），每组均采用头脑风暴法找出解决问题的办法。

第二节　企业经营计划

一　企业经营计划的概念和类型

企业经营计划又称为生产经营计划，是指确定企业经营决策以后，统筹安排其所需要的各种资源的工作。

计划的分类具体如下。

（一）按表现形式分类

计划，按表现形式可分为正式计划和非正式计划。

正式计划是指企业未来的行动方案以书面文件的形式确定下来。

非正式计划是指未采用书面文件的形式确定，仅是一个想法，但并不意味着就没有目标和方案。小企业常常会使用非正式计划，正式计划适用于大型企业。

（二）按计划的性质分类

计划，按性质可分为战略计划、战术计划和作业计划。

战略计划是从企业长远的、整体的角度制订的计划。

战术计划是解决局部和短期问题的计划。

作业计划是为工作人员制订的具体行动计划。

（三）按期限分类

计划，按期限可分为长期计划、短期计划。

长期计划一般是指三年以上的计划，也是企业的战略计划，是为实现企业长远目标而制订的实施步骤。

短期计划一般为一至三年，为企业提供近期行动依据。

课堂链接

美国银行是美国的第三大的银行，他们选择 Hoshin Kanri 技术和 Six Sigma 来实现业务流程的优化。在达成一致的意见并制订统一的计划之前，银行各部门都各自拥有一套流程优化的方案，却根本没意识到需要与其他部门沟通和整合。因此，新的计划体系保证了银行组织内部的协调，同时 Six Sigma 的启动也强化了其核心业务，并在以后相当长的时期里持续在美国银行里发挥作用。

二 企业经营计划制订的程序

编制计划大致有五个步骤，分别为收集资料、确定行动目标、制订并选择方案、综合平衡、编制具体计划并执行。

（1）收集资料是制订计划的前提和基础，收集足够的资料才能制订出符合实际需要的计划。

（2）确定行动目标是制订计划的关键步骤。在制订过程中要注意分目标与总目标的一致性，目标要有具体的衡量标准和数据化，便于控制。

（3）制订并选择方案。要制订多个备选方案，运用科学方法选择和评价，最终选出最符合企业战略发展方向的满意方案。

（4）综合平衡。要平衡目标与企业现有资源，若资源不足必须修订目标；要平衡各部门的工作任务，不能同一部门一段时间任务很多，一段时间几乎没有任务，也不能一些部门任务过重，一些部门任务过轻。

（5）编制具体计划并执行。综合平衡后，对各部门编制具体时间段的行动计划，并下达执行。

思考及习题

1. 基本概念

决策　战略决策　确定型决策　风险型决策　不确定型决策　企业经营计划

2. 简答题

(1) 什么是决策?

(2) 简述企业经营决策的方法。

(3) 简述什么是计划及企业经营计划的分类。

3. 实训题

某厂为生产某种产品列出了几个方案。方案一是建大厂,需要投资300万元,建成后如果产品销路好,每年可获利100万元;如果销路差,每年亏损20万元。方案二是建小厂,需投资180万元。小厂建成后如果产品销路好,每年可获利40万元;如果销路差,每年亏损30万元。如果销路好3年后再扩建,扩建需要投资100万元,扩建后如果产品销路好则每年可获利95万元。方案的使用期限为10年。根据市场预测,产品销路好的概率为0.7,销路差的概率为0.3。试用决策树进行决策。

案例分析

罗彻姆有限公司的决策

问题已经酝酿了好几个星期了,虽然约翰·罗德兹已经预感到了它会发生,他还是非常生气。当他还是一名年轻的化学家时,他创建了这家公司,至今已有13年了,公司一直避免在政策方面进行激烈争论。目前就这个小问题发生争执,这令他感到困惑和不安,特别是这发生在公司运转已步入正轨以后。

罗彻姆有限公司是最大的独立公司之一,它主要向仪器加工业供货。它在20世纪60年代末首次获得成功,这归功于一种食品防腐剂,它主要用于肉制品的保鲜,当时是用利兰太(Lerentyl)的名字出售的。此后它们又开发了食品着色与食品包装方面的产品。目前,利兰太在公司销售总额中只占25%。

决策

争论的起因与替换用于生产利兰太的一台加工机器有关。一共只有两台机器,它们都是由当地的切迈克斯公司生产的。其中较旧的一台机器发生了故障,频繁地停机,再加上质量的不稳定,使产品质量只能勉强达到要求。现在的问题是,应当用新的切迈克斯机器替换旧的,还是购买市场上仅有的符合加工要求的一家德国产AFU机器?首席化学家对两种机器进行了详细比较。

问题由新成立的管理委员会主持解决。委员会由四名高级经理组成:首席化学家和营销经理,他们从公司创立起就在公司工作;还有生产部经理和会计师,他俩加入公司只有6个月。

下面列出的就是委员会各位成员提交的信息以及他们对决策的表态。

营销经理

今年对这种防腐剂的市场需求已经达到了2 000万英镑的规模，其中罗彻姆公司占大约48%的份额。市场已经发生了明显的变化，特别是很多防腐剂用户现在能够买到与利兰太相似的产品，竞争的结果是市场对价格的反应敏感多了。

将来的市场走向有些不确定。很明显市场不会萎缩（从需求量看），最乐观的估计表明4年后市场规模将达到2 400万英镑（按当前价格计算）。然而，有些业内人士认为，如果考虑到食品防腐的潜力，当前的市场只不过是冰山的一角罢了。特别是考虑到几乎未被打开的出口市场。

利兰太是根据顾客的专门要求以固体、粉末或液体形式出售的。然而，尽管比较复杂，价格仍与所使用的化学品的重量相关。比如，今年的平均市场价格大约是200英镑/千克。目前，我主要关心的是确保每个月利兰太的质量和数量，虽然生产部门从未让我失望过，但我担心除非我们迅速买到可靠的新机器，否则这样的事很快就会发生。德国的机器几周后就可正式投产，而且产品的质量会更好。如果需求增加，德国AFU机器可以提供额外的生产能力。我承认现在我们还没有扩大防腐剂市场份额的打算，我们应该优先考虑开发其他产品。当这一目标完成后，我们再回头来关注防腐剂问题。

首席化学家

（首席化学家是罗德兹的一个老朋友，每种新产品的研制，大体上由他俩共同负责。目前，他的主要预算用于改进基本的利兰太，它主要用于酸性丰富的食品，譬如水果。这并不容易，至今仍未有什么结果，但这位首席化学家仍保持乐观。）

如果我们成功改进了利兰太，市场需求一夜之间就会翻番，我们就会需要额外的生产能力。我知道如果选用德国机器就要承担风险，但公司就是在把筹码押在了我们的研究成果之后才成长起来，我们必须继续充满信心。

生产经理

利兰太的生产是一个独立的生产部门，利兰太的生产需求目前稳定在每月4 150千克。为机器配备的四名技工是罗彻姆公司仅有的技术人员，他们主要负责机器的日常维修和质量控制，这主要是由于历史的原因，因为当企业刚开始运营时，这四名技工几乎是从一开始就在企业中工作了。

会计师

公司最近的资本投资几乎全部来自于本身的留存收益，但今年将要申请短期贷款，这是几年来的第一次。我认为进行我们负担不起的投资是不明智的，它带来的额外生产能力目前并不需要。今年将是公司财务比较紧张的一年，为了改进其他产品和增加企业其他部门的投资，我们早已承诺增加大量的支出。罗德兹博士并不主张从企业外部过度融资。我同意对利兰太的需求可能会大幅增加的观点。但是,如果需求真的增加了,也不可能是今年,而且增加的幅度之大也不是 AFU 就能应付得了的,我们最好到那时再购买三台切迈克斯机器。

约翰·罗德兹对争论进行调停:好吧!我知道我们的讨论还有些盲目性,但这个世界本来就不完美,我们永远也不会获得全部所需信息。况且,我认为在现阶段采取任何决策都比放任自流要好。

思考:

(1) 本案中的决策问题是什么?

(2) 该公司应如何解决问题?

第四章　企业质量管理

引导案例

三角集团的质量意识

质量是赢得消费者的关键所在,质量创新是企业创品牌的主战场。这一看似简单的企业运行法则,却是决定企业胜负的根本。三角集团始终坚信:“缺乏可靠的质量保证,在市场上只能糊弄一时。”

三角集团的质量管理理念是,产品质量是工序质量和工作质量的综合反映。因此,三角集团将质量管理延伸到企业生产经营活动的全过程,强调的是质量形成的各部分的有机联系、相互制约的关系。

三角集团的质量追溯体系是从供应商到各工序再到外部客户,从原材料、零部件到半成品再到成品的一整套体系。生产过程中出现的质量问题,可以通过信息系统检索追查到原材料采购到各个工序的每一个操作工,从而形成了全员对轮胎生产的全过程负责的机制。集团多年来始终重视质量管理的标准化工作,不断追求在企业内部建立一个有本企业特点的、能有效运行的质量体系,以保证产品质量的稳定性和持续提高。

质量保证体系是三角集团质量管理的最后保障。它向轮胎用户保证产品质量在生命周期内可以放心地使用,如果出现故障,企业愿意赔偿相应损失。三角集团的质量管理从生产领域又延伸到流通领域,使之无处不在。集团生产领域之外的协作单位与内部各环节技术、管理、经营活动的职责、任务、权限细化,建立统一这些活动的组织机构和质量信息反馈系统,形成了一个完整的质量管理体系有机体。

思考:

三角集团的质量管理理念有哪些?是如何保证和提高产品和服务质量的?

学习目标

通过本章的学习,使学生掌握质量管理的相关概念,了解质量管理的发展历史;掌握全面质量管理的基本观点,理解质量成本分析,掌握企业质量管理体系的建立及认证,了解质量管理的七种统计分析方法。

“质量是企业的生命”,质量管理在企业中有非常重要的地位和作用。本章介绍企业质量管理的基本观念、质量成本分析、质量管理体系的建立和认证、质量管理中的统计分析方法等。

第一节　质量管理概述

一　质量管理的含义

（一）质量的含义

一般意义的质量是指企业最终产品或服务的质量，即产品或服务满足规定或潜在需要的特征和特性的总和，包括其性能、寿命、可靠性、安全性和经济性五个方面，标准是用户对产品或服务的满意程度。这是一种狭义的质量概念。现代质量管理中的质量，不仅包括企业最终产品或服务的质量，还包括产品或服务形成过程中的工序质量和工作质量。

1. 产品质量

产品质量是指产品满足相关标准规定或合同要求所有明显或隐含能力的特性总和，包括其安全、使用功能、耐久性能和环境保护等方面。

2. 工序质量

工序质量是指产品生产过程中每道工序的质量，即从生产准备、正式生产到形成成品的全过程中每道工序的质量。只有每道工序的质量高，最终产品的质量才有保证。

3. 工作质量

工作质量是指企业各项经营管理活动的质量。企业生产经营过程是一个有机整体，只有当领导工作、组织管理工作、生产技术工作等管理工作的质量得到全面提高，才能保证生产过程各道工序的质量，从而提高产品质量。工作质量的高低取决于人的素质。

从上述可以看出，产品质量是由工序质量决定的，工序质量受工作质量的影响，工作质量是由人的素质决定的。要提高产品质量，关键是提高人的素质。

（二）质量管理的含义

质量管理是指企业为了保证和提高产品质量，为用户提供满意的产品而进行的一系列管理活动，包括质量调查、计划、组织、协调、控制检查、处理、信息反馈等活动。

（三）全面质量管理的含义

全面质量管理是指企业以质量为中心，以全员参加为基础，综合运用各种管理思想、手段和方法建立质量控制系统的一种现代质量管理模式。

二　质量管理的发展概况

现代意义的质量管理理论和方法，始于 20 世纪 20 年代，到目前大致经历了三个阶段：

（一）质量检验阶段

质量检验阶段是从 20 世纪 20 年代到 40 年代。1924 年泰勒（F. W. Taylor）出版了《科学管理原理》一书,明确提出将质量检验作为一道工序,从产品生产过程中独立出来。质量检验的目的是避免次品和废品进入流通领域和消费领域,这对提高产品的质量有一定的推动作用,但它属于一种事后的管理方法。

(二)统计质量管理阶段

统计质量管理阶段是从20世纪40年代到60年代。这一阶段的主要特点是运用统计方法,找出产品质量的规律,对产品生产过程各工序进行严格控制,从而保证产品质量。与质量检验阶段相比,把事后检查结果改变为在生产过程中寻找影响质量的因素,进行过程控制。但过分强调统计工具,忽视了人的因素和管理工作对质量的影响。

(三)全面质量管理阶段

全面质量管理阶段是从20世纪60年代开始直到现在。20世纪60年代以后,随着科学技术的进步、企业生产的迅猛发展、社会生活条件的改善,用户对质量的要求越来越高,而产品质量的形成过程也更加复杂。原来的质量检验和统计管理方法,不能适应发展的要求,必须运用系统的观点建立质量管理体系对与产品质量有关的所有因素进行全面控制,才能进一步提高产品质量,于是诞生了全面质量管理。1961年美国通用电气公司的菲根堡姆等人提出了这一新概念。

全面质量管理在日本得到很大的发展,日本虽然资源贫乏,却依靠它在20世纪60年代和70年代实现了经济腾飞,创造了超常规发展的奇迹。

三 全面质量管理的基本观点

(一)全面管理的观点

1. 全过程的质量管理

要求对产品生产过程各阶段都进行质量管理。对企业从签订合同开始,到生产准备、正式生产、交付使用和售后服务全过程都要进行质量管理。

2. 全员参加的质量管理

由于实行全过程质量管理,企业中每个人都与质量有关系,要求企业每个人都关心质量,保证工作质量,从而保证工序质量和产品质量。

3. 全企业的质量管理

为达到按质、按量、按期生产出用户满意的产品,要求企业所属各单位和各部门都围绕保证和提高产品质量而开展各项工作,而不仅仅将质量作为质量管理部门的事。

(二)为用户服务的观点

全面质量管理的基本观点之一是一切为用户,把用户的利益放在第一位。这里的用户不仅包括企业产品的最终用户,还包括生产过程中各工序的员工。全面质量管理要求每道工序的操作者都把下道工序的操作者作为自己的用户,每道工序的操作者都为下道工序的操作者服务。

（三）以预防为主的观点

预防为主就是从事后把关转移到事前控制上来，从管结果变为管原因，把质量问题消灭在萌芽过程之中，从而避免不合格品的产生，减少不合格品损失，提高产品质量。

（四）用数据说话的观点

用数据才能准确地反映质量问题，才可能运用数理统计的方法对产品质量形成过程进行科学的分析，找出影响产品质量的因素，才能针对性地采取措施，提高产品质量，避免靠感觉处理质量问题。

四 质量管理的运行程序

质量管理依照科学的程序运转，具体程序如下：

（一）质量管理运行的程序

质量管理通常按照 PDCA 循环方式运行。PDCA 循环是一种科学的质量管理方法和工作程序，它分为四个阶段、八个步骤，周而复始地运转。

1. P(Plan)阶段，即计划阶段，分四步。

第一步：分析现状，找出存在的质量问题；

第二步：分析产生质量问题的各种原因或各种影响因素；

第三步：找出影响质量的主要原因或影响因素；

第四步：针对主要原因或影响因素，制定质量改善措施，并预计效果。

这个阶段在全面质量管理工作流程中是最重要的一个阶段，其主要任务是分析问题，找出原因，制定改进措施。原因准确，措施得当，才能保证后续工作的效果。为保证做到这一点，必须反复明确以下几个问题：

(1) 为什么制订这样的计划(Why)?

(2) 计划的目的是什么(What)?

(3) 由谁组织实施计划(Who)?

(4) 在什么地方实施计划(Where)?

(5) 在什么时候实施计划(When)?

(6) 怎样实施计划(How)?

通常把以上六个方面简称为“5W1H”。

2. D(Do)阶段，即实施阶段。这个阶段就是贯彻执行质量计划。实施阶段只有一个步骤，即：

第五步：按制定的措施去实施或执行。

3. C(Check)阶段，即检查阶段。这个阶段要求将实施情况与计划对比，及时发现问题，分析原因，采取措施纠正偏差，保证计划目标的实现。检查阶段也只有一个步骤，即：

第六步：检查计划实施或执行的效果。

4. A(Action)阶段，即处理阶段。这个阶段的目的是总结经验，找出差距，把遗留问题转入下一循环。处理阶段有两个步骤，即：

第七步：总结经验；

第八步：处理遗留问题。

（二）质量保证体系运行的特点

质量管理按 PDCA 循环运行，有下面一些特点：

1. 按序转

PDCA 循环四个阶段是有序的、完整的，同时每个循环过程的处理阶段就是下一循环过程计划阶段的前提条件，这样周而复始地运行，永不停止。如图 4－1 所示。

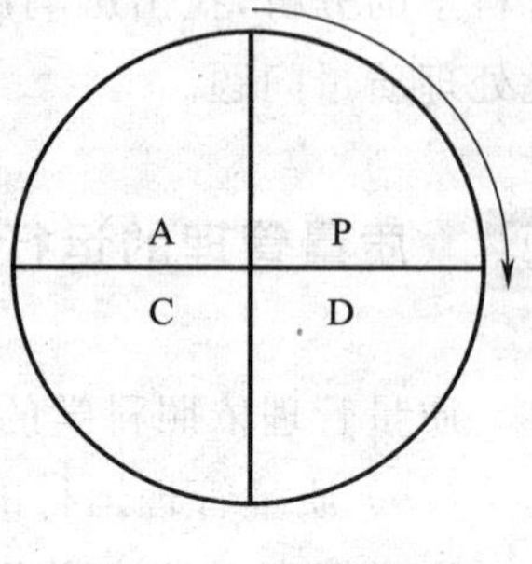

图 4－1 按序转

2. 步步高

PDCA 循环每经过一个循环就解决一两个问题，通过循环不断提高工作质量，保证产品质量稳步上升。如图 4－2 所示。

3. 环套环

PDCA 循环是大环套小环的循环模式，如企业的质量管理，整个企业的质量管理循环可以看成一个大环；分公司的质量管理循环可以看成一个中环，受控于大环；而车间的质量管理循环可以看成一个小环，受控于中环；班组和个人的质量管理循环则是更小的环。也可以按生产过程或其他管理对象组成大环套小环的循环模式，这种环套环的关系是：大环是小环的依据；小环是大环的具体内容和保证；大环控制小环转动，小环推动大环转动。如图 4－3 所示。

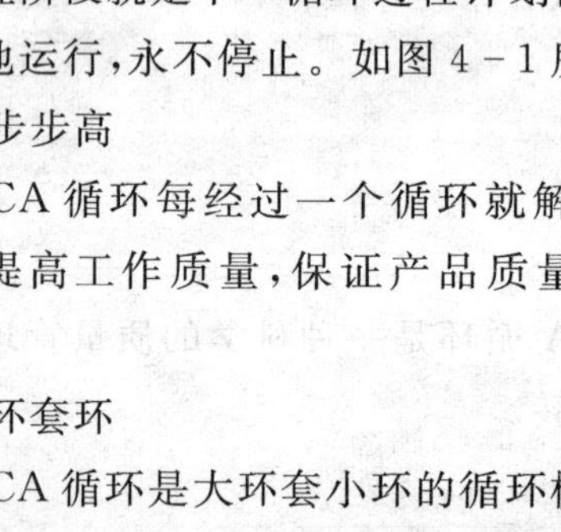

图 4－2 步步高

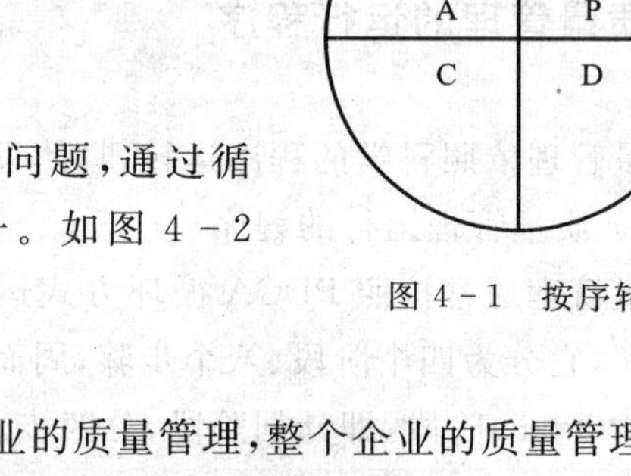

图 4－3 环套环

五 质量成本

（一）质量成本的含义

质量成本是指企业为了保证和提高产品的质量，开展质量管理活动所支付的费用以及因为质量问题而造成的损失之和。

产品的质量与成本之间存在一定的关系，一般提高产品质量，会增加质量成本。例如，提高混凝土强度等级，需提高水泥等级或增加水泥用量；要提高或保证质量，很多情况需增加人工费。因此，有必要对产品的质量变化进行经济分析，寻求满足产品质量要求的最低成本。

（二）质量成本的构成

要分析质量成本，首先要知道质量成本包括哪些费用。从质量成本的含义可以看出：质量成本包括为保证和提高产品质量所付费用和因为产品质量不合格而造成的损失两部分。

1. 为保证和提高产品质量所付费用

（1）预防成本，指为防止质量故障而采取预防性措施所支付的各项费用。如制订质量管理制度、计划、标准等文件的费用，质量宣传费，质量管理人员工资，质量评审费，质量奖励费，质量信息费，质量管理培训，质量改进措施费等。

（2）鉴别成本，是指为了鉴别产品质量所发生的费用。具体包括材料检验费、工序检验费、成品检验费、检验设备使用费。

2. 故障成本

故障成本是指因为产品质量不合格而造成的损失。

（1）内部故障成本，是产品在交工前由于自身缺陷而造成的损失以及为处理故障所发生的费用之和，包括：返修损失费、废品损失费、停工损失费、事故分析处理费、质量罚款损失费。

（2）外部故障成本。包括诉讼费、产品保修费、索赔损失费、折价损失等。

上述两大类质量成本存在一定关系：增加预防成本和鉴别成本有利于保证和提高产品质量，从而降低故障成本。一般情况下，预防成本和鉴别成本低于故障成本。同时故障成本还可能影响企业形象，给企业造成信誉受损。所以，质量管理好的企业常常注意利用必要的预防成本和鉴别成本支出去降低故障成本。但预防成本和鉴别成本只是为使人们确信某实体能满足质量要求，在质量管理体系内所开展的按需要进行证实的有计划和有系统的活动，所以不能盲目提高这部分成本，而是按需进行。

第二节 质量管理体系与认证

我国企业质量管理体系工作开展相对较晚，最早在机械加工和纺织业企业中开展，后来逐步推行到包括建筑业在内的其他各行业企业中。按照 ISO 9000 系列标准建立质量管理体系，对企业具有非常重要的意义，在世界经济一体化进程中越来越重要。

一 ISO 9000 系列标准

ISO 是国际标准化组织的简称。1980 年 5 月，ISO 成立了一个专门负责制定有关质量管理和质量保证方面国际标准的委员会（TC176）。为适应经济全球化发展的需要，预防在国际贸易中利用质量认证制造技术壁垒，TC176 在总结世界各国质量管理经验的基础上，在 1986 年 6 月正式发布了 ISO 8402《质量一术语》国际标准，1987 年 3 月正式发布 ISO 9000 系列标准。该系列标准发布后，立即得到世界各国的积极响应和普遍重视，得到了国际社会和许多生产组织的认可和采用，后在 1994 年、2000 年、2008 年进行了修订。实践证明，实行质量认证制度是企业产品进入国际市场的通行证。

（一）实施 ISO 9000 系列标准的意义

1. 有利于提高企业质量管理水平

目前，各种商品市场竞争十分激烈，企业要实现生产经营的根本目的，必须建立在产品有良好市场的前提下才可能实现，而质量是产品进入市场非常关键的一个因素。优良的产品质量来源于优质的工作质量和服务质量，优质的工作质量和服务质量要靠质量保证体系。通过实施 ISO 9000 系列标准，建立企业质量管理体系，全面提高企业质量管理水平，提高经营效果，保证企业目标的实现。

2. 有利于维护用户的利益

企业质量管理的直接目的，就是生产出用户满意的产品。通过实施 ISO 9000 系列标准，建立企业质量管理体系，全面提高企业质量管理水平，对保证和提高产品质量，维护用户的利益，具有决定性的意义。

3. 有利于企业的质量管理和国际惯例接轨

在经济全球化的进程中，企业的涉外商品会越来越多，在激烈的市场竞争中，企业的质量管理和其他很多方面都必须按国际惯例来做。因此，企业贯彻执行 ISO 9000 系列标准，建立适合国际建筑市场的质量管理体系，才有在国际建筑市场的通行证。

4. 有利于世界经济的交流与发展

ISO 9000 是一个国际标准，世界上绝大多数国家都发布了等同采用该标准的国家标准，这为各国经济上的交往和技术上的合作提供了一个重要的标准，避免在国际贸易中利用质量认证制造技术壁垒，推动世界经济的交流与发展。我国积极贯彻的 GB/T 19000 系列标准，是支持我国企业积极占领国际市场的一项重大举措。

（二）2008 版 ISO 9000 族标准的核心内容

1993 年起，我国技术监督局正式发布了 GB/T 19000 系列标准，它等同于采用国际标准 ISO 9000，习惯上简称 ISO 9000 系列标准。

GB/T 19000－ISO 9000 是一组系列标准，其核心标准有：

（1）ISO 9000：2005《质量管理体系——基础和术语》

（2）ISO 9001：2008《质量管理体系——要求》

（3）ISO 9004：2000《质量管理体系——业绩改进指南》

（4）ISO 19011：2002《质量和环境管理体系审核指南》

质量管理和质量保证系列标准还在不断地发展和完善，除了上述标准外，ISO 还在制定一些新标准，这里不再赘述。

二 企业质量管理体系的建立和试运行

（一）企业质量管理体系的建立

按照 GB/T 19000－ISO 9000 系列标准建立质量管理体系，一般要经历以下几个步骤：

1. 企业领导决策

建立质量管理体系是涉及企业内部很多部门参加的一项工作，只有领导充分认识到建立质量管理体系的重要性，决定建立质量管理体系之后，这项工作才可能开展。

2. 编制工作计划

包括培训教育、体系分析、职能分配、配备设备等内容。

3. 分层次教育培训

组织学习 GB/T 19000－ISO 9000 系列标准，详细研究与本职工作有直接联系的要素，提出控制要素的办法。

4. 分析企业的特点

结合本企业的特点和具体情况，确定采用哪些要素和采用程度。

5. 落实各项要素

在选好合适的质量管理体系要素后，要制订实施二级要素所必需的质量活动计划，并把各项质量活动落实到具体的部门和个人。

6. 编制质量管理体系文件

质量管理体系文件按作用分为法规性文件和见证性文件两类。法规性文件是用于决定质量管理的原则，阐述质量管理体系的构成，明确有关部门和个人的质量职能，规定各项活动的目的要求、内容和程序的文件。见证性文件是用于表明质量管理体系的运行情况和证实其有效性的文件，是质量管理体系的见证。

（二）企业质量管理体系的试运行

质量管理体系文件编制完成后，按规定权限进行发布，质量管理体系即进入试运行阶段。试运行的目的是检查质量管理体系文件的有效性和协调性，检查体系文件是否符合企业实际情况，是否可操作，并对暴露出来的问题采取措施进行纠正和改正，以达到进一步完善质量管理体系文件的目的。

在质量管理体系试运行阶段应做好的重点工作是：人员培训、组织协调和信息管理工作。

三 企业质量管理体系的认证

小知识

关于认证

认证通常分为产品、服务和管理体系认证。大家较为熟悉的CCC认证就是强制性产品认证。而体系认证包括:以GB/T 19001—ISO 9001标准为依据开展的质量管理体系认证;以GB/T24001—ISO14001标准为依据开展的环境管理体系认证;以GB/T 28001标准为依据开展的职业健康安全管理体系认证;以GB/T 22000标准为依据开展的食品安全管理体系认证等。还有以体育场所服务标志为依据开展的体育服务认证等。

质量管理体系的认证,简称质量认证或合格认证。ISO有关文件对质量认证下的定义是:由经证实确系可以充分信任的第三方对产品、工艺或服务进行正式鉴定,证明其符合规定的标准或其他规范文件的活动。

按ISO制定的有关标准规定,企业质量认证过程包括以下几点:

(一) 申请

企业按ISO 9000系列标准建立质量管理体系,待运行正常、稳定后就可以向认证机构申请认证。这个阶段是企业质量认证的关键阶段。申请提交的文件包括质量手册和质量管理体系认证的产品范围。质量手册是用来描述供方申请注册的质量管理体系满足了相应质量管理体系标准的要求,以及有关补充文件的要求(必要时)。企业只有切实按ISO 9000系列标准建立质量管理体系并有效运行,才能使建立的质量管理体系符合ISO 9000系列标准。

注册认证机构收到企业的申请书和必要的文件之后,经初审决定是否受理,并通知供方。

(二) 质量管理体系审核

由审核组负责质量管理体系的审核,包括审查供方质量手册等文件和实施审核。实施审核是证实供方相应产品的有关质量管理体系与相应质量管理体系标准的符合性,通过审核提交审核报告。

(三) 注册的审批

注册认证机构根据审核组提供的审核报告及其他的有关信息,决定是否批准注册。

(四) 注册发证

注册认证机构向核准注册的供方颁发注册证书,并将供方有关信息列入注册名录予以公布。

（五）监督

注册认证机构对供方质量管理体系实施定期监督审核，确认供方质量管理体系持续符合规定的要求，各项质量活动仍能得到有效控制。

企业必须按通过的质量管理体系运行，才能提高和保证产品的质量，才能适应认证机构对企业质量管理体系和产品质量的监督管理。由此可见，质量认证不是一项阶段性的工作，而是一项长期工作。

第三节 质量管理中统计分析方法

企业质量管理常用到统计分析方法，这里简要介绍七种常见的统计分析方法。

一 统计调查表法

统计调查表法是一种利用统计表调查、反映和分析质量问题的方法。一般只能对质量问题进行简单、粗略的分析，实际工作中很少单独使用，通常和其他方法结合使用，以便对产生质量问题的原因作深层次的分析。

统计调查表法的类型、格式多种多样，因调查分析目的不同而异。常用的统计调查表法采用的调查表有产品缺陷部位统计调查表、质量特征分布统计调查表、产品质量不合格项目统计调查表、质量检验统计调查表、其他统计调查表。

二 分层法

分层法又叫分组法或分类法，是用来分析质量问题产生原因的一种方法。

分层法的关键是根据分层的目的，找出分层标志。分层标志决定了是否能分析质量问题和影响因素。一般来说，分层时，应使同一层内的数据波动尽可能小，而层间的差别尽可能大。

常见的分层方法有：按数据发生的时间分、按生产单位分、按使用的机械设备分、按使用的原材料分、按操作方法分、按生产工人分、按其他方法分层。

三 排列图法

排列图法是一种寻找主要因素的方法。在质量管理中可寻找质量问题主要出在哪些方面，也可以寻找影响质量的主要因素。排列图又叫主次因素分析图，是根据数理统计的原理来寻找。在质量管理中，抓住主要矛盾解决质量问题，可取得事半功倍的效果。

（一）排列图的作图方法

(1) 列出影响质量的各种因素，根据频数从大到小排列。

(2) 计算频率和累计频率。

(3) 建立坐标体系。横坐标表示影响因素，左边的纵坐标表示频数，右边的纵坐标表示累计频率，并画出刻度，使总频数的刻度和100%累计频率的刻度在同一水平线上。

(4) 绘制频数直方图。

(5) 以累计频率描点，连接各点形成累计频率曲线。

累计频率曲线又叫帕累托(pareto)曲线，排列图又叫帕累托图。

（二）排列图的运用

1. 根据排列图对因素进行分类

(1) 累计频率在0%～80%属A类，为主要因素；

(2) 累计频率在80%～90%属B类，为次要因素；

(3) 累计频率在90%～100%属C类，为一般因素。

2. 制定改进措施

如果A类因素只有一两个，说明已找出主要因素，应针对这些因素制定改进措施。如果A类因素超过两个，说明分类标志有问题，没有找出主要因素，可以重新确定标志再找主要因素。当然，对有些现象没有主要影响因素也是可能的。

例4-1 根据表4-1作前三列资料，绘制排列图，找出主要的质量问题。

解：首先计算频率和累计频率。见表4-1。

表4-1 频率计算表

序号	因素	频数	频率(%)	累计频率(%)
1	混凝土强度	50	62.5	62.5
2	几何尺寸	20	25	87.5
3	表面平整	5	6.25	93.75
4	预埋件位移	2	2.5	96.25
5	露筋	2	2.5	98.75
6	表面缺陷	1	1.25	100
合计		80	100	

根据上表计算结果，画出排列图，见图4-4。

根据图4-4，钢筋混凝土工程的主要质量问题(A类)是混凝土强度，应针对这项因素提出改进措施。

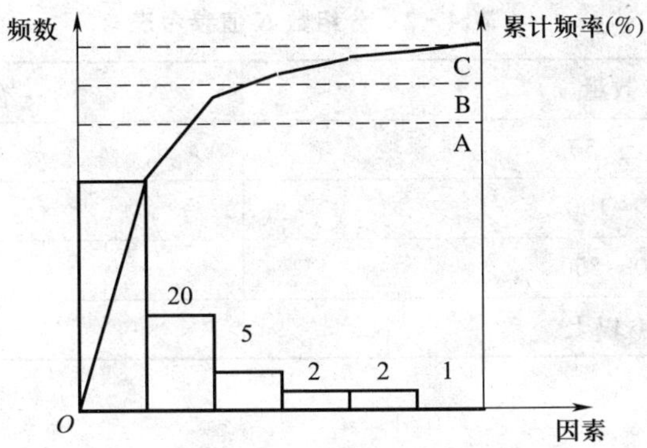

图 4－4　排列图

四　频数直方图法

频数直方图是一种分析质量分布状态的方法，又叫质量分布图。

产品在生产过程中受多种因素影响，造成产品质量不稳定。产品质量波动是不可避免的，即使用同一批材料、同一台设备、同一操作者、相同的工艺生产出来的产品其质量也会有差异。但是，在正常情况下，产品质量波动是随机的、在一定范围内的，频数分布是有规律的，呈正态分布。所以，我们可以根据数据作出频数直方图，反映数据的集中程度和波动范围，从而分析质量分布状态。

（一）频数直方图的做法

1. 收集整理数据

根据数理统计的原理，从需要研究的质量问题的总体中按随机原则抽出一部分数据作为样本，通过分析样本来判断总体的情况。样本要能代表总体，应当有足够多的数据，否则样本就不能代表总体或代表性不高。通常情况下，样本的数据不少于 30 个。若数据差异大或要求代表性高，数据就应当多一些。

2. 计算样本数据的极差值(R)

$$R = X\max - X\min$$

式中：R——极差值；

$X\max$——样本数据中的最大值；

$X\min$——样本数据中的最小值；

3. 确定组数(K)

一般对于一组数据，分组时组数太少，会掩盖组内数据变动情况，不能准确反映质量分布状态；组数太多，又会使各组参差不齐，从而看不出规律，所以分组组数应适当。一般根据表 4－2 的经验值来确定。

当组数较少时，组数一般选择单数。

表 4-2 分组数 K 值参考表

样本数量(n)	分组数(K)
小于 50	5～7
50～100	6～10
100～250	7～12
250 以上	10～20

4. 计算组距(H)

一般参照 R/K 来确定。若刚好 $H=R/K$,则 K 组不能包括所有数据,通常应适当扩大组距。扩大组距时常常根据分组的方便程度来确定,但同时又不宜扩大太多。

5. 确定组界值

组界值就是各组的上下界值。确定组界值应注意:一是应避免数据不能归入各组;二是避免某数据可同时归入两个或更多的组。

确定组界值应避免数据落在各组的界值上,所以组界值应至少提高一级精度。常这样确定组界值:

设 $Y=(H\times K-R)/2$

第一组的下界值$=X\min-Y$

第一组的上界值$=$第一组的下界值$+H$

第二组的下界值$=$第一组的上界值

第二组的上界值$=$第二组的下界值$+H$

以此类推。

若不能避免数据落在组界值上,可通过调整组数或组距来重新确定组界值,以保证确定的组界值符合要求。

6. 统计各组频数

即把反映质量的数据分别归并到所分的各组中,并计算各组数据个数,即频数。

7. 绘出频数直方图

根据各组频数画频数直方图,以横坐标为分组区间,纵坐标为频数,绘出频数直方图。

(二) 频数直方图的分析

绘制频数直方图的目的是为了通过频数直方图反映质量分布状态。下面介绍常见的分析方法:

1. 分析频数直方图的整体形状

在工艺条件正常的情况下,绘出的频数直方图应当是中间高,两边低,左右基本对称,接近正态分布。若不是这种图形,要进一步分析原因,采取措施纠正。常见的异常图形如图 4-5所示。

(1) 锯齿形:如图 4-5(a)所示,多数是由于分组不当造成的,应减少组数,重新制作频数直方图，再进行分析。

(2) 偏向形：如图 4－5(b)所示，通常是由于对某方面控制太严或工人操作习惯等造成的，如生产中只控制混凝土的最低强度。

(3) 孤岛形：如图 4－5(c)所示，一般是由于生产中出现了异常情况造成的，如材料、设备或操作方法发生了变化，由低级工顶班作业等。

(4) 双峰形：如图 4－5(d)所示，经常是由于用两种不同的材料，设备或水平相差较大的两组工人进行生产，又将两组数据混在一起造成的。

(5) 平顶形：如图 4－5(e)所示，往往是由于生产中存在某种缓慢变化的因素如操作者疲劳引起的，也可能由于测量工具不精确引起的。

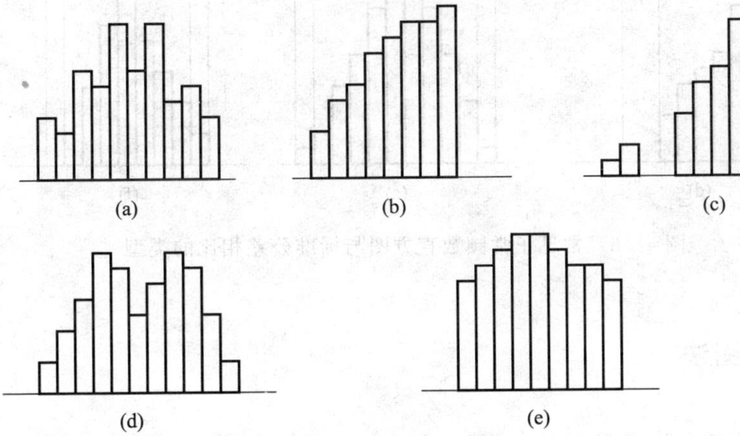

图 4－5　常见异常频数直方图

2. 分析正常的频数直方图

正常的频数直方图并不表示没有质量问题，还应与标准公差比较，作进一步的分析。标准公差(T)是质量标准规定的允许偏差范围。

正常的频数直方图与标准公差相比较，有如图 4－6 所示几种情况：

(1) 如图 4－6(a)所示，B 的中线与 T 的中线基本吻合并且 B 在 T 的中间，两边略有余地。这是理想情况，一般不考虑出现质量问题。

(2) 如图 4－6(b)所示，B 的中线与 T 的中线基本吻合并且 B 在 T 的中间，但两边余地太宽，说明精度控制过高，虽然不会出现废品，但不经济，应适当放宽质量要求。

(3) 如图 4－6(c)所示，B 的中线与 T 的中线基本吻合并且 B 在 T 的中间，但两边余地太窄或没有余地。这种情况稍不留意，就会出现废品，应提高质量控制精度。

(4) 如图 4－6(d)所示，B 在 T 的中间，B 的中线偏离 T 的中线。表明生产的质量控制有偏向一侧的倾向，易出现废品，应采取措施纠正。

(5) 如图 4－6(e)所示，$B>T$，两边都有超差，肯定有废品，应加大质量控制力度，及时采取措施加以纠正。

(6) 如图 4－6(f)所示，B 的中线严重偏离 T 的中线，其中一侧已超出公差，这种情况也应及时采取措施加以纠正。

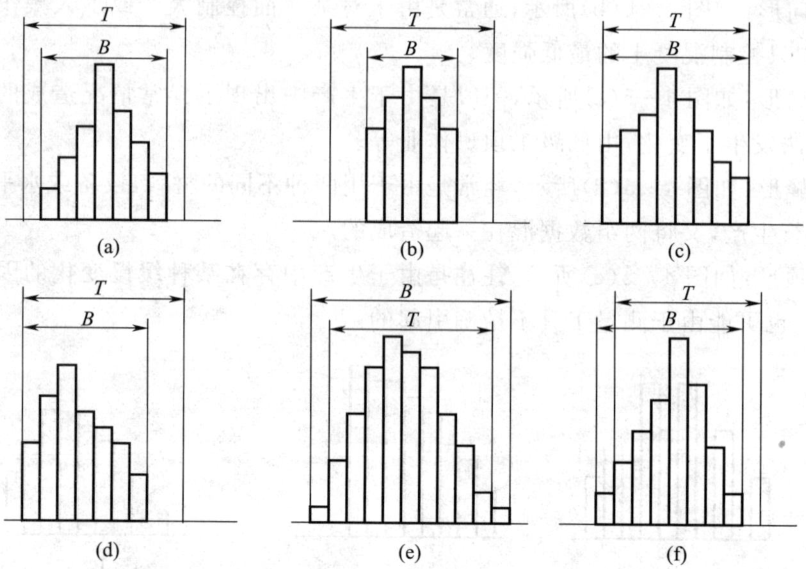

图 4-6 常见正常频数直方图与标准公差相比的类型

五 因果分析图法

因果分析图法是分析质量问题产生的最终原因的一种方法。因果分析图又叫树枝图、鱼刺图。

通常情况下，质量问题是由某些原因引起，而这些原因作为质量问题又是由更小的原因引起，以此类推。由此我们就可以用因果分析图来表现这些质量问题和原因的关系，进行层层深入的分析，直到找出可以直接采取改进措施的最终原因。

（一）因果分析图的做法

（1）明确要解决的质量问题，用主干线表示；

（2）从人（操作者）、材料（含半成品）、设备、工艺（如程序、方法）和环境（如地区、气候、地质）五个方面分析影响质量的大原因，用大枝表示；

（3）以大原因为质量问题，分析中原因，用大枝的分枝表示；

（4）以中原因为质量问题，分析小原因，用中枝的分枝表示；

（5）以此类推，层层深入分析，直到可以直接采取措施为止，用不同的小枝表示。

因果分析图的形式见图 4-7。

（二）因果分析图法的应用

用因果分析图法，应注意以下问题：

1. 找准原因

因果分析图法的基本准则，是依据因果关系寻找原因。因此，和质量问题没有直接因果

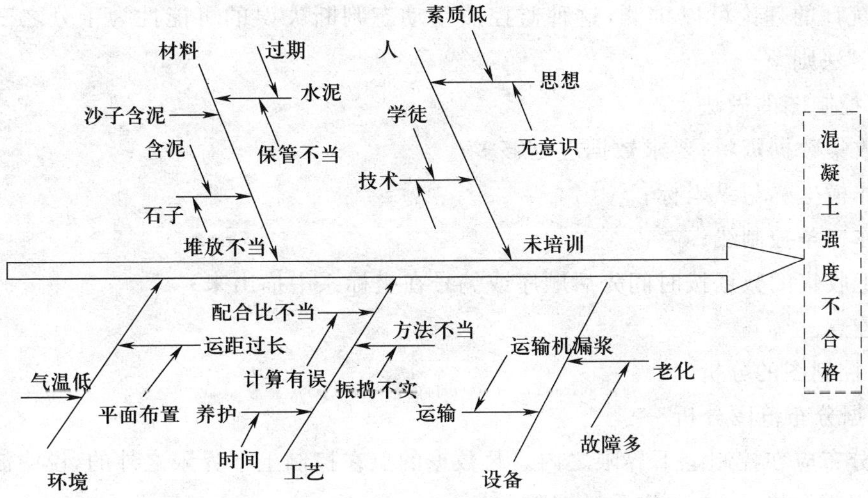

图 4－7　混凝土强度质量问题的因果分析图

关系的因素不能画在图上，否则会得出错误结论。

2. 层层深入

这是因果分析图法的一个重要特点。一定要一查到底，找出质量问题的最终原因，不能半途而废。

3. 找主要原因

找出的最终原因如果很多，则应用分层法或排列图法找出主要原因。

4. 制定改进措施

针对主要原因，制定改进措施。

六　控制图法

控制图又叫管理图，是分析和控制工序质量分布动态的一种方法。产品的生产过程是连续不断的，产品的质量是波动的。通过控制图可以动态监控工序质量，判别工序质量的稳定性，发现问题并及时解决，预防废品的产生。

（一）控制图法的原理

控制图的基本形式如图 4－8 所示。

横坐标表示取样的时间或编号，纵坐标表示反映质量特征的变量。坐标内有三条控制线，控制中心线取数据的平均数，控制上下线取 X＋3S。根据数理统计的原理，产品质量的变动是随机的，或产品质量的分布应当是正态分布，对应的点应当在控制中心线上下，在控制上下界限内随机波动。若不是这样，应及时采取措施，避免不合格品的产生。

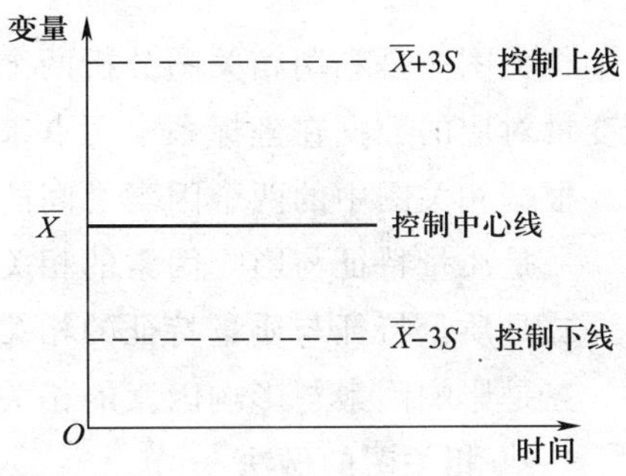

图 4－8　控制图

根据数理统计的理论可以推测，这种监控质量动态判断失误的可能性为千分之三，故又叫“千分之三”法则。

（二）控制图的做法

（1）收集数据资料；要求数据应足够多；

（2）作横坐标与纵坐标；

（3）作三条控制线；

（4）把收集的数据按时间先后顺序或编号在坐标系中描出来；

（5）连点。

（三）控制图的分析

1. 数据分布范围分析

数据分布应在控制上下界限之内。凡数据的点在控制上下界限之外的，说明波动过大，很容易出现不合格品，应加强质量控制。

2. 数据分布状态分析

数据分布都在控制上下界限之内，若是围绕控制中心线随机的分布，这是正常状态或理想状态。

如果出现下列情况，则是异常排列。对异常排列应深入分析，找出质量隐患，采取措施，避免不合格品的产生。

（1）数据的点在中心线一侧连续出现 7 次以上，可能是由于质量控制实行单向控制造成；

（2）连续 11 个点中，有 10 个点在中心线同一侧，也可能是由于质量控制实行单向控制造成；

（3）连续 7 个点上升或下降，一般说明有影响质量的因素在缓慢地变动，若继续发展将会产生不合格品；

（4）连续 3 个点中，至少有 2 个点在 $-\overline{X}+2S$ 界限以外，一般说明质量波动过大，很容易产生不合格品；

（5）数据的点呈周期性变化，说明产品质量变动受周期性变动因素的影响。

七 相关图法

相关图法是利用相关图分析两个变量之间的关系和相关程度、类型的一种方法，是把两个变量对应的数据在坐标系中用点来表示，通过点的分布来找出两个变量的相关情况。

根据相关图中的两个因素之间的关系，相关图一般有以下三种：

一是质量特征与影响因素的相关分析，如混凝土强度与养护时间的关系；

二是质量特征与质量特征的相关分析，如混凝土强度与抗冻性的关系；

三是影响因素与影响因素的相关分析，混凝土的水灰比与含沙率的关系。

（一）相关图的做法

将要分析的两个变量对应的数据在坐标系内描点即可。

（二）相关图的分析

相关图一般有以下几种类型：

1. 正相关

点的分布基本上呈一条直线，X 增大，Y 也增大，表明 Y 直接受 X 的影响，只要能控制住 X 就能控制住 Y。

2. 弱正相关

点的分布近似呈一条直线，X 增大，Y 一般也增大，这说明 Y 除了受 X 影响外，还受其他因素影响，可以通过 X 来控制 Y。

3. 不相关

点的分布无规律，不能通过 X 控制 Y。

4. 弱负相关

点的分布近似呈一条直线，X 减少，Y 一般减少，这种说明 Y 除了受 X 影响外，还受其他因素影响，可以通过 X 来控制 Y。

5. 负相关

点的分布基本上呈一条直线，X 减少，Y 也减少，表明 Y 直接受 X 的影响，只要控制 X 就能控制 Y。

6. 非线性相关

点的分布近似呈一条曲线，在一定范围内 X 增大，Y 也增大；在另一范围内，X 增大，Y 减少。需实行分段控制。

课 堂 讨 论

各种统计分析方法在质量管理中的作用？

思考及习题

1. 基本概念

质量　质量管理　全面质量管理　分层法　排列图法　因果分析图法　频数直方图法　质量成本　质量认证

2. 简答题

(1) 简述全面质量管理的基本观点。

(2) 简述质量管理体系运行的程序及特点。

(3) 质量管理的主要统计分析方法有哪七种？用来分析质量问题有何不同？

(4) ISO 9000:2008 系列标准的核心内容有哪些？

（5）实施 ISO 9000 系列标准有何意义？

3. 实训题

（1）深入企业，了解企业如何建立质量管理体系。

（2）某企业对交工的房屋建筑工程的回访调查资料如下：

单位工程质量问题	屋面工程	门窗工程	水电工程	楼地面工程	装饰工程	其他
问题出现频数	24	9	3	2	1	1

试画排列图，并确定主要质量问题。

案例分析

海尔的质量管理

许多到海尔参观的人反映："海尔的许多口号我们都提过，很多制度我们也有，为什么在我们企业没有效果，在海尔却这么有效呢？"很多人认为："海尔让人参观的都是公开部分，还有许多管理的秘密是不公开的。"其实，这是天大的误解。海尔的质量管理历程分以下三步：

第一步：提出质量理念——有缺陷的产品就是废品。

海尔在转产电冰箱时，面临的市场形势十分严峻：自己在规模、品牌都处在绝对劣势的情况下，靠什么在市场上挣得一席之地？只能靠质量。于是，张瑞敏提出了自己的质量理念：有缺陷的产品就是废品；对产品质量实行"零缺陷，精细化"管理；努力做到用户使用的"零抱怨、零起诉"……

理念的提出是容易的，但是，让员工接受、认同，最后变成自己的理念，则是一个过程。一开始，许多职工并不能真正理解，更难自觉接受。所以，产品质量不稳定，客户投诉不断。1986 年，有一次投产的 1 000 台电冰箱，就检查出 76 台不合格。面对这些不合格品，许多人提出，便宜一点，卖给职工……张瑞敏强烈意识到，企业提出的质量理念，大部分员工还远远没有树立起来，而理念问题解决不了，只靠事后检验，是不可能提高质量的。

第二步：推出"砸冰箱"事件。

许多人都非常熟悉"砸冰箱"事件，但是对"砸冰箱"之后发生的事，却知之甚少。当员工们含泪看着张瑞敏总裁亲自带头把有缺陷的 76 台电冰箱砸碎之后，内心受到的震动是可想而知的，人们对"有缺陷的产品就是废品"有了刻骨铭心的理解与记忆，对"品牌"与"饭碗"之间的关系有了更切身的感受。但是，张瑞敏并没有到此而止，也没有把管理停留在“对责任人进行经济惩罚”这一传统手段上，他要充分利用这一事件将管理理念渗透到每一员工的心里，再将理念外化为制度，构造成机制。

在接下来的一个多月里，张瑞敏召开和主持了一个又一个会议，但讨论的主题却非常集中：我这个岗位有质量隐患吗？我的工作会对质量造成什么影响？我的工作会影响谁？谁的工作会影响我？从我做起，应该如何提高质量？在讨论中，大家相互启发、相互提醒，更多则是深刻的内省与反思。于是，“产品质量零缺陷”的理念得到了广泛的认同，人们开始了理性的思考：怎样才能使“零缺陷”得到机制的保证？

第三步：构造“零缺陷”管理机制。

在海尔每一条流水线的最终端，都有一个“特殊工人”。流水线上下来的产品，一般都有一些纸条，在海尔被称为“缺陷条”。这是在产品经过各个工序时，工人检查出来的上工序留下的缺陷。这位特殊工人的任务，就是负责把这些缺陷维修好。他把维修每一个缺陷所用时间记录下来，作为向缺陷的责任人“索赔”的依据。他的工资就是索赔所得。同时，当产品合格率超过规定标准时，他还有一份奖金，合格率越高，奖金越高。

这就是著名的“零缺陷”机制。这个特殊工人的存在使零缺陷有了机制与制度上的保证。目前，这一机制有了更加系统、更加科学的形式，这就是在海尔称为市场链机制的SST，即索赔、索酬、跳闸。这一制度的推出，使海尔的产品、服务、内部各项工作都上了一个更高的质量平台。

思考：

1. 海尔的质量理念是什么？

2. 海尔是如何提高产品质量的？你得到了什么启示？

第五章　企业物流管理

引导案例

海尔集团——零距离、零库存

海尔认为,企业之间的竞争已经从过去直接的市场竞争转向客户的竞争。海尔CRM(供应链管理)联网系统就是要实现端对端的零距离。海尔已经实施的ERP系统和正在实施的CRM系统,都是要拆除影响信息同步沟通和准确传递的阻隔。ERP是拆除企业内部各部门的"墙",CRM是拆除企业与客户之间的"墙",从而达到快速获取客户订单,及时满足用户需求。

传统管理下的企业根据生产计划进行采购,由于不知道市场在哪里,所以视为库存,企业里有许许多多"水库"。海尔现在实施信息化管理,通过三个JIT打通这些水库,把它变成一条流动的河,不断地流动。JIT就是按照计算机系统的采购计划,需要多少,采购多少。JIT送料指各种零部件暂时存放在海尔立体库,然后由计算机进行配套,把配置好的零部件直接送到生产线。海尔在全国建有物流中心系统,无论在全国什么地方,海尔都可以快速送货,实现JIT配送。

库存不仅仅是资金占用的问题,最主要的是会形成很多的呆坏账。现在电子产品更新很快,一旦换代,原材料和产成品价格跌幅均较大,产成品积压的最后出路就只有降价,所以会形成市场上的价格战。不管企业说得多么好听,降价的压力都来自于库存。海尔用及时配送来满足用户的要求,最终消灭库存的空间。

思考:

谈谈物流管理对企业经营的重要性,以及海尔集团是如何实施零库存管理的。

学习目标

通过本章的学习,使学生了解物流管理的概念及物流的发展阶段;了解商品采购的概念和作用;熟悉商品采购制度的内容,掌握商品制度的策略,熟悉商品采购的策略;熟悉各种运输方式的特点,能科学合理地组织商品的运输;掌握商品库存管理的方法。

第一节 企业物流管理概述

一 物流

(一) 物流的概念

传统的物流活动同人类文明一样,有着很长的历史。这是因为物流活动存在于人类的最简单的贸易活动中。物流在现代社会中变得越来越重要，而现代物流概念在西方国家出现不过50年的历史。在我国，理论界和社会各方面对物流的关注也只是近几年的事情。

美国物流管理协会(CLM)先后对物流下了六次定义，1999年的定义是："物流是为了符合顾客的需要所发生的从生产地到销售地的物资服务以及信息的流动过程，以及为使保管能有效、低成本地进行而从事的计划、实施和控制行为。"

物流一般是指商品等物料从供给者到需求者之间发生的地理位置的转移和物品形态的变化，主要是创造时间价值和场所价值，有时也创造加工价值的活动。因此，物流包括包装、运输、保管、装卸、流通加工、信息处理等全过程。

（二）物流的功能

物流的主体功能包括三个方面，即储存、运输与配送。

(1) 储存，是物流体系中唯一的静态环节，用以解决生产与消费之间存在的空间与时间的矛盾，既有缓冲与调节的作用，也有创造价值与增加效能的作用。

(2) 运输是物流体系中所有动态功能中的核心，它所实现的是物质实体由供应点向需求点的转移，既实现了价值，也创造了价值。

(3) 配送是物流体系中的最后环节，它不仅是实物的转移，更是人工智能的体现。在某种意义上，配送是物流的一个缩影。现代物流概念下的配送环节不等同于传统意义上的送货。

物流的辅助功能包括：包装、装卸搬运、流通加工与信息处理。

（三）物流的发展

物流最初起源于美国，1915年阿奇·萧在《市场流通中的若干问题》一书中提到物流，并指出"物流是与创作需求不同的一个问题"。

第二次世界大战中，围绕战争供应，美国军队建立了"后勤"(Logistics)理论，并将其应用到战争中。其中提到的后勤学是将战时物资生产、采购、运输、配给等活动作为一个整体进行统一布置，以使战略物资补给的费用更低、速度更快、服务更好。20世纪60年代中期，物流首先被美国的民用建筑业引入企业管理中，意指将所需的物品，按照规定的时间、合适的数量，送到必需的场所的一个保障系统。20世纪90年代，由于现代生产技术的发展，产品的生命周期越来越短，社会生产开始有单一品的大批量向多品种小批量的方向发展，使物流的控制变得越来越复杂。因此，从物流在美国的发展历史来看，可将物流分为以下三个阶段。

1. 实物配送阶段

实物配送阶段是从第二次世界大战后到20世纪70年代，以实物配送理论与实践的发展为主要特征。1963年，美国成立了物流管理协会，标志着物流已从市场营销中分离出来，成为一门独立的学科。此时，人们开始认识到物流是"一块经济的新大陆"，是企业的重要利润源泉。

这一阶段对物流的研究仍然停留在以分销过程为主，即产品从生产厂商成品库到消费者用户这一过程。企业内部物品的流动被称为物料管理或者生产物流，并不包含在物流管理之中。因此，这一阶段的物流管理被称为实物配送(physical distribution)阶段，见图5-1。

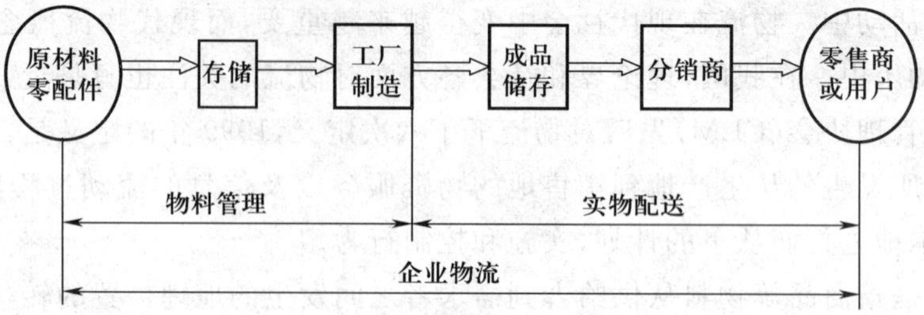

图 5-1 实物配送阶段

2. 综合物流阶段

综合物流阶段主要是在 20 世纪 70—80 年代,以综合物流的形成为主要标志。当时企业界和学术界认识到把物流管理与实物配送结合起来可以大大提高物流效率,而环境、制度、技术等一系列变化,使之可成为现实。跨国公司的兴起致使全球性竞争加剧,使企业采用新的物流管理技术、改进物流系统、提高服务水平成为必要。

20 世纪 70 年代末,物流活动的经营环境有了巨大的变化,为物流的迅速发展提供了广阔的前景。这一时期 MRP、MRPⅡ、MRPⅢ、DRP、DRPⅡ、TQM、看板式生产以及 JIT 等先进管理方法的出现和在物流管理中的运用,使人们逐渐认识到需要从流通生产的全过程来把握物流管理,而计算机等现代科技的发展则为物流全面管理提供了物质基础和手段。

1985 年,美国物流管理协会的名称从 National Council of Physical Distribution Management 改为 National Council of Logistic Management,标志着综合物流观念的建立。

3. 供应链管理阶段

供应链管理阶段是指 20 世纪 80 年代后期至今,以供应链管理的产生为标志的阶段。供应链是宏观的、跨企业的概念,是指围绕核心主体企业,对物流、信息流和资金流的控制。供应链管理是指从初始供应一直到最终用户,向客户提供增值的产品、服务和信息处理过程的一体化管理。从采购原材料开始,制成中间产品以及最终产品,最后由销售网络把产品送到消费者手中的供应商、制造商、分销商、零售商直到最终用户连成一个整体的网络模式(见图 5-2)。这一概念又是基于生产商、经销商、零售商以及物流服务供应商的战略合作伙伴关系的趋势,强调供应链的整体利益与综合竞争力,以实现供应链各环节共赢的理想境地。

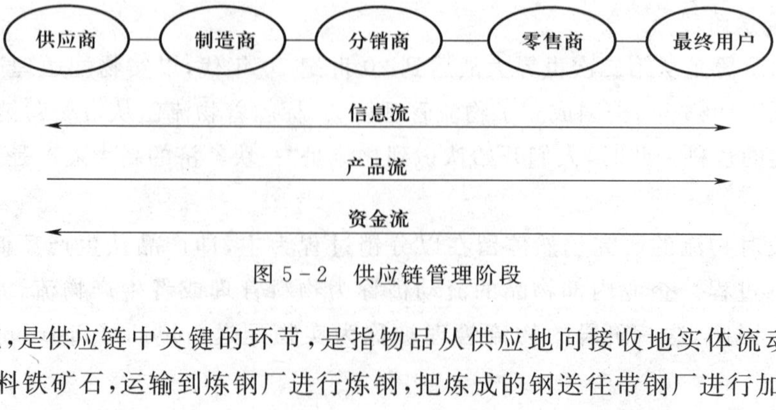

图 5-2 供应链管理阶段

(1) 物流,是供应链中关键的环节,是指物品从供应地向接收地实体流动的过程。例如,开采原材料铁矿石,运输到炼钢厂进行炼钢,把炼成的钢送往带钢厂进行加工;然后加工成零部件、部件；最后进行组装就成了一部部汽车，再通过销售渠道到达消费者手中。物流不仅是对运输、储存、装卸、搬运和加工整个流通进行加工配送，还包括信息处理的功能。

（2）信息流，是最终消费者把他的期望、想法和信息传给企业的过程。

（3）资金流是资金从下游往上游流动，实现价值。

（四）现代物流的特征

在现代物流管理和运作中，广泛采用了代表着当代生产力发展水平的管理技术、工程技术以及信息技术等。现代物流管理与现代化、社会化大生产紧密联系在一起，体现了现代企业经营与社会经济发展的需要。现代物流的特征可以概括为以下几个方面：

1. 物流标准化

在物流管理发展过程中，从企业物流管理到社会物流管理都在不断地制定和采用新的标准。从物流的社会角度来看，物流标准可以分为企业管理标准和社会物流标准；从物流专业技术角度来看，可以分为物流产品标准、物流技术标准（条码标准、EDI 标准）、物流管理标准（ISO 9000、ISO 14000 等）。

2. 物流系统化

物流不是一个单独的职能部门，而是涵盖了从采购到商品配送到客户的全部过程，是一个整体的系统活动，力求整个企业的整体最优化。

3. 物流专业化

现代物流活动中，广泛应用了专业化、标准化、自动化、智能化的装卸、运输和包装设备，大大提高了物流的工作效率。

4. 物流信息化

现代物流通过信息系统将各活动环节有机连接起来，通过对信息的实时处理，以使物流系统按照设定的计划目标进行。准确、及时地处理物流信息，能够提高物流管理的效率和服务的可靠性。

5. 物流网络化

现代物流需要有完善、健全的物流网络体系，保证整个物流网络体系中最优化的库存水平，将主干线上的运输与支线末端的配送有效地结合起来，对商品需求形成及时、快速、灵活的反应。

6. 物流快速反应

现代物流活动中为了满足客户多样化、个性化、小批量、多品种、高频次的需求，必须在信息系统、作业系统和网络系统的支持下，加快反应速度，快速订货，及时配送，保证库存水平和结构满足用户水平。

7. 物流社会化

现代物流活动已经涉及国民经济中的各行各业，物流服务的社会化及第三方物流、第四方物流的快速发展使得物流在社会和经济发展中的作用越来越重要。

8. 国际化

随着经济的全球化，国际运输和国际物流也得到了很大的发展。一方面，其他领域的国际化必然导致对国际物流的需求，即国际化物流；另一方面物流的国际化促进了国际物流贸易、投资与交流的发展。

二 物流管理

2001年4月17日，国家技术质量监督局正式发布了《中华人民共和国国家标准物流技术术语》，其中对物流的定义是：为了以最低的物流成本达到用户所满意的服务水平，对物流活动进行的计划、组织、协调与控制。

对物流活动的管理，不仅是对单个环节的管理，而且是对物流各环节动态的、全过程的管理。既要实现最低成本化的管理，又要确保客户对物流服务质量的满意度。从企业经营的角度来看，物流管理同其他管理一样具有计划、组织、协调和控制的职能。

（一）物流管理的内容

从物流系统构成要素及功能角度，物流管理可分为三类：对人、财、物、设备、方法和信息六大物流系统要素的管理；对运输、仓储、包装、装卸搬运、配送、流通加工等物流环节要素的管理；对物流计划、质量、技术、经济等物流职能的管理。

在实际运作中，现代企业物流管理的基本活动是围绕作业管理、服务管理和成本管理而开展的。物流作业的管理构成了现代企业物流管理的基础，其他层面的物流管理都是围绕作业管理展开的。

1. 物流的作业管理

物流作业管理包括以下几个方面：

（1）运输管理。运输管理通过考虑运输费用、时间、环节、能力以及货物的安全性和到货的准时性等因素，选择适当的运输方式，以最低的成本将货物及时地送达目的地。

（2）仓储管理。仓储管理主要由接货、保管、发货的管理构成。

（3）包装管理。包装管理是为了适应企业物流作业、商品保护、形象展示和促进销售的需要，用科学的方法确定最优包装组合，并尽可能适应市场需求。

（4）装卸搬运管理。装卸搬运管理主要是指在加强物品保护盒防损的前提下，运用高效的设备加快作业效率，以加快物流速度，使得装卸搬运作为衔接性的物流作业活动充分发挥其功能。

（5）流通加工管理。流通加工管理主要包括两个方面的工作：其一，加工中心自身的管理，如选址、加工方式和程度的确定以及加工作业管理和加工成本的控制等；其二，加工与运输、仓储、搬运、配送等物流作业的整合问题等。

（6）配送管理。配送管理包括前期决策和日常管理。前期决策包括诸如配送中心选址与优化布局、配送机械的合理配置与调度以及配送作业流程的制定与优化等内容。日常管理主要是指配送作业管理。配送作业流程为：进货—验收—入库—存放—包装—分类—出货检查—装货—送货。

2. 物流服务管理

物流服务的基本内容主要包括运输、储存与配送、装卸搬运、包装、订单履行、物流信息、存货预测等，以及与其相联系的活动。物流服务包含着备货保证、输送保证和品质保证，其最终目的是使客户满意。

3. 物流成本管理

物流成本管理是物流管理的一项重要内容。物流成本由三部分构成：其一，伴随物资的流通活动发生的费用，以及从事这些活动所必需的设备、设施费用；其二，完成物流信息的传送和处理活动所发生的费用，以及从事这些活动所必需的设备和设施费用；其三，物流综合管理所发生的费用。

（二）物流管理的目标

物流管理所要达到的目标有以下几个方面：

1. 总体目标

（1）快速响应。快速响应反映一个企业能否及时满足客户需求的能力，它把物流作业的重点从预测转移到以装运和装运方式对客户的需求作出快速响应上来。

（2）最小变异。在充分发挥信息作用的前提下，采取积极的物流控制手段把由破坏系统表现的任何意外事件产生的风险降到最小。

（3）最低库存。最低库存，即把库存减少到与顾客服务要求相一致的最低水平，以实现最低的物流总成本。

2. 具体目标

物流管理的具体目标包括以下几个方面：

（1）服务性。在为客户服务方面要求做到无缺货、无物品损伤和丢失等现象，且费用低。

（2）快捷性。要求把物品按照客户指定的地点和时间迅速送达。

（3）安全性。尽量保证物品在运输途中的安全、装卸搬运过程中的安全和仓储阶段的安全。

（4）有效利用仓储面积和仓库空间。考虑到土地费用，尽可能有效地利用土地面积，应发展立体化仓库和有关物流机械，求得仓储空间的有效利用。

（5）规模适当化。应该考虑物流设施集中与分散是否得当，机械化与自动化程度如何合理利用，信息系统的集中化所要求的电子计算机等设备的有效利用等。

（6）库存控制。库存过多需要更多的仓储场所，而且会产生库存积压，造成浪费。

第二节　商品采购管理

一　采购的概述

一般地，企业采购的零部件和辅助材料要占到最终产品销售价值的40%～60%。这意味着，在获得物料方面所做的点滴成本节约对利润产生的影响，要大于企业其他领域内相同数量的节约给利润带来的影响。同时，企业作为大批量商品生产的主体，也需要大批量商品的采购。没有采购，生产就不能进行。例如，一辆典型的家用四门轿车一般包括 6 000 多个零部件，货车的零部件总数达到 7 000～8 000 个，这么多的零部件都是通过采购而获取的。

采购就是单位或个人为了满足某种特定的需要，以购买、租赁、借贷、交换等各种途径，取得商品或劳务的使用权或所有权的活动过程。采购是为企业经营活动提供物质基础的前提条件，也是影响企业成败、效益高低的关键环节。没有好采购，企业产品的适销对路、满足消费者需求和提高企业经济效益就无从谈起。

采购商品时，需要进什么、从哪里进、何时进、进多少等一系列问题，必须进行正确的决策。因此，采购应遵循的原则有：勤进快销原则、以销定进原则、以进促销原则。

二 商品采购的制度

企业在组织货源时，要根据企业的类型、各类商品的进货渠道以及商品的特点，选择合理的采购制度。

（一）按采购方式划分

从采购的方式来看，可以分为议价采购、比价采购和招标采购。

1. 议价采购

议价采购是指由买卖双方直接讨价还价实现交易的一种采购行为，一般不进行公开竞标，仅向固定的供应商采购。

(1) 议价采购的优点：节省采购费用和时间；有利于和供应商建立互惠关系，稳定供需关系。

(2) 议价采购的缺点：缺乏公开性，信息不对称；容易形成不公平竞争。

2. 比价采购

比价采购是指在买方市场条件下，在选定两家以上供应商的基础上，由供应商公开报价，最后选择报价最低的企业供应商的一种采购方式。

(1) 比价采购的优点：节省采购费用和时间；公开性和透明度较高，能够防止采购“黑洞”；有助于企业在同类产品供应商中寻找合适的合作伙伴，为企业降低成本提供条件。

(2) 比价采购的缺点：可能出现供应商轮流坐庄或者恶性抢标，使供应品种规格出现差异，影响生产效率。

3. 招标采购

招标采购是指通过公开招标的方式进行物资和服务采购的一种行为。它是政府及企业采购中的基本方式之一。其最大的特征是公开性。

(1) 招标采购的优点：有利于做到采购工作的公平、公正、公开；有利于形成符合市场的真实价格。

(2) 招标采购的缺点：采购费用较高；容易出现供应商合谋或者抢标——过度压低价格而中标，出现偷工减料，以次充好，影响产品质量；采购程序复杂。

（二）按采购管理方式划分

从管理方式上来看，采购制度大体分为三类：

1. 集中采购

所谓集中采购是指采购部门先将企业各个部门的采购计划进行集中，整合形成一个统一的采购计划，由总公司采购部门与供应商谈判统一完成企业的采购计划。

（1）集中采购的优点。集中采购可以获得规模效益，降低采购和物流成本，发挥采购特长，提高采购效率，易于稳定和供应商的关系，实现有效的长期合作。

（2）集中采购的缺点。手续过多，过程过长，专业性强，责任重大。

（3）集中采购适用的采购主体和采购客体。所适用的采购主体有：集团范围实施的采购活动、跨国公司的采购、连锁经营、OEM（Original Equipment Manufacturer）厂商、特许经营企业的采购。

所适用的采购客体有：大宗或批量物品，价值高或总价多的物品、关键零部件、原材料或其他战略资源，容易出问题的物品，最好是定期采购的物品。

小资料

家乐福在北京、天津、大连、青岛、武汉、宁波、厦门、广州和深圳开设了区域性的全球采购中心，总部设在上海。

2. 分散采购

所谓分散采购是指按照需要由各自单位自行设立采购部门负责采购工作，以满足正常的生产需要。

（1）分散采购的优点。可以有效地完善和补充集中采购的不足，增强基层工作的责任心、积极性，有利于采购各环节的协调配合，占用资金少，占用库存空间小，手续简单，过程短，直接、快速。

（2）分散采购的缺点。权力分散，不利于采购成本的有效降低；决策层次低，易于产生暗箱操作；对供应商的政策不统一；市场调研分散，难以培养采购专家。

（3）分散采购适用的采购主体和采购客体。

所适用的采购主体有：二级法人单位、子公司、分厂、车间；离主场区或集团供应基地较远，供应成本低于集中采购成本；异国、异地供应的情况。

所适用的采购客体有：小批量、单件、价值低、总支出比重小的物品；分散采购优于集中采购的物品；易于送达，需较少物流费用的物品；基层有分散采购与检测能力的物品；产品开发研制、试验所需的物品。

3. 混合采购

混合采购又称分散集中化采购模式，指有些采购活动在企业总部进行，同时主要的运作部门也进行采购。

它综合采用集中化与分散化的采购模式，以发挥它们各自的优点，避免其缺点。

小案例

苏宁电器集团的采购体系由采购中心、分销中心销售管理部、地区分支公司销售部和连锁企业采购员组成，并对所有供货资源负责。苏宁电器集团实行集中式采购管理，集中包括决策的集中、计划的集中和信息的集中。在采购方面，苏宁电器集团依据实际情况适当分散，地区分支公司可在计划范围内自行采购，加强了与供应商在当地的合作。苏宁电器集团采购管理的内容如下：

(1) 采购中心完成对苏宁电器集团产品资源的分类，包括各地区产品资源的分类。

(2) 采购中心与分销中心制定采购政策，制订采购中心、地区分支公司、连锁企业的年度或月度采购计划。

(3) 采购中心与供应商谈判，审定与供应商的供货协议，审核连锁企业C类产品能否进入苏宁产品资源平台。

(4) 连锁发展部与加盟企业谈判，确定连锁企业的产品资源进入与具体采购计划。

(5) 采购中心按照计划和需求调整、维护与供应商的合作关系，并安排和执行采购任务。

(6) 采购中心对采购总成本进行核算，和分销中心配合制定产品销售价格区间。

(7) 采购中心与分销中心配合，安排有关产品退货至厂家。

(8) 采购中心和财务部配合，安排与厂家的结算；销售部与财务部配合，安排与连锁店之间的结算。

三 商品采购管理

采购管理是计划下达、采购订单生成、采购订单执行、到货接收、检验入库、采购发票的收集到采购结算的采购活动的全过程，对采购过程中物流运动的各个环节状态进行严密的跟踪、监督，实现对企业采购活动执行过程的科学管理。采购管理包括采购计划管理、采购订单管理和发票管理三个部分。

（一）采购计划管理

采购计划管理是指对企业的采购计划进行制订和管理，为企业提供技术准确的采购计划和执行路线。采购计划包括定期采购计划、非定期采购计划。通过对多对象、多元素的采购计划的编制、分解，将企业的采购需求变为直接的采购任务，系统支持企业以销定购、以销定产、以产定购等多种采购应用模式，支持多种设置灵活的采购订单生产流程。

（二）采购订单管理

采购订单管理以采购单为源头，对供应商确认订单、发货、到货、检验、入库等采购订单流转的各个环节进行准确的跟踪，实现全过程管理。通过流程配置，可进行多种采购流程选择，如订单直接入库，或经过到货质检环节后检验入库等，在整个过程中，可以实现对采购存货的计划状态、订单在途状态、到货待检状态等的监控和管理。采购订单可以直接通过电子商务系统发向对应的供应商，进行在线采购。

（三）发票管理

发票管理是采购结算管理中重要的内容。采购货物是否需要暂估、劳务采购的处理、非库存的消耗性采购处理、直运采购业务、受托代销业务等均是在此进行处理。通过对流程进行配置，允许用户更改各种业务的处理规则，也可定义新的业务处理规则，以适应企业业务不断重组、流程不断优化的需要。

第三节　商品运输管理

引入案例

7 月 27 日，四川汶川都汶路彻底关大桥损坏之后，经过紧急抢修，25 日就已连通岷江对岸的交通临时应急通道，但只能限 9 座以下小型车辆通行，所有货运车辆必须绕行其他线路通行。汶川物价出现了新的变化。汶川县“口福餐馆”负责买菜的人员告诉记者，26—27 日汶川县城猪肉比断桥前每公斤上涨了 2～4 元，大葱、蒜苗、苦瓜、茄子等外地蔬菜从原来的每公斤 4 元左右，上涨到现在每公斤 10～12 元，而本地大量出产的莴笋、大白菜、萝卜等价格却大幅下降，莴笋原来价格每公斤 4 元左右，现在是每公斤 0.6～1 元。

思考：

导致物价发生变化的原因是什么？说明什么问题呢？

一　运输的概念与功能

物流运输是现代物流的业务核心，是物流运作与管理不可缺少的一环。

（一）运输的概念

运输是指物品借助于动力在空间上所发生的位置移动。具体地讲，运输就是通过各种运输手段使货物在物流节点之间的流动，以改变物的空间位置为目的的活动，包括集货、分配、搬运、中转、装入、卸下、分散等一系列操作。虽然运输过程不产生新的物质产品，但它可实现物流的空间效用。因此，合理地组织商品运输对促进企业的生产和经营，满足消费者的需要具有十分重要的意义。

（二）运输的功能

在物流管理过程中，运输主要提供两大功能：物品移动和短时储存。

1. 物品移动

运输的主要目的就是以最短的时间、最低的成本将物品转移到规定地点。运输的主要功能就是产品在价值链中实现位移。运输可以创造空间效用和时间效用。

2. 短时储存

运输的另一功能是对物品在运输期间进行短时储存，就是将运输工具（车辆、船舶、飞机、管道等）作为临时储存设施。

（三）运输与物流其他环节的关系

1. 运输与包装的关系

货物的包装材料、包装规格、包装方法等都不同程度地影响着物流运输。

2. 运输与装卸的关系

物流运输活动必然伴随有装卸活动。一般来说，物流运输发生一次，往往伴随两次装卸活动，即物流运输前后的装卸作业。

3. 运输与储存的关系

储存保管是货物暂时停滞的状态，是货物投入消费前的准备。货物的储存量虽然直接决定于需要量，但货物的运输也会给储存带来重大的影响。

4. 运输与配送的关系

将货物大批量地从生产工厂直接送达客户或配送中心称为运输；货物再从配送中心就近发送到地区内各客户手中称为配送。

二 商品的运输方式

课堂讨论

李大力在广州一家物流公司工作，该公司主要经营货运业务，在一次业务洽谈中，客户咨询以下情况该采用什么运输方式？

（1）把鲜花从广州运到北京。若换成2箱急救药又如何？

（2）把煤炭从山西运到秦皇岛。

（3）把小白菜从郊县从化运到广州市区。

（4）把一批钢材从重庆运到武汉。

当前我国最基本的运输方式有五种，即公路运输、铁路运输、水路运输、航空运输和管道运输。运输方式的选择是物流系统决策中的一个重要环节，是物流合理化的重要内容。各种运输方式有其自身的优缺点，并受到多方面条件的限制。

（一）公路运输

1. 概念

公路运输是主要使用汽车或其他车辆（如人、畜力车）在公路上进行货客运输的一种方式。

2. 特点

公路运输的主要优点是灵活性强，公路建设期短，投资较低，易于因地制宜，对收货站设施要求不高，可采取“门到门”运输形式，即从发货者门口直到收货者门口，而不需转运或反复装卸搬运。公路运输也可作为其他运输方式的衔接手段。公路运输的经济半径，一般在200千米以内。

缺点：运输能力低，成本高，劳动生产率低，不适合运输大宗物品，长距离运输费用较高。

3. 适用性

主要承担近距离、小批量的货运；水运、铁路运输难以到达地区的长途、大批量货运；铁路、水运优势难以发挥的短途运输。

（二）铁路运输

1. 概念

铁路运输是使用铁路列车运送客货的一种运输方式。

2. 特点

铁路运输的优点是：速度快，运输不大受自然条件限制，载运量大，运输成本较低。主要缺点是：灵活性差，只能在固定线路上实现运输，需要以其他运输手段配合和衔接。铁路运输经济里程一般在200千米以上。

3. 适用性

铁路运输主要承担长距离、大数量的货运。在没有水运条件的地区，几乎所有大批量货物都是依靠铁路，是在干线运输中起主力运输作用的运输形式。

（三）水路运输

1. 概念

水路运输是使用船舶运送客货的一种运输方式。

2. 特点

水运的主要优点是成本低，能进行低成本、大批量、远距离的运输。但是水运也有显而易见的缺点，主要是运输速度慢，受港口、水位、季节、气候影响较大，因而一年中中断运输的时间较长。

3. 适用性

水运主要承担大数量、长距离的运输，是在干线运输中起主力作用的运输形式。在内河及沿海，水运也常作为小型运输工具使用，承担补充及衔接大批量干线运输的任务。

（四）航空运输

1. 概念

航空运输是使用飞机或其他航空器进行运输的一种形式。

2. 特点

航空运输的主要优点是速度快，不受地形的限制。在火车、汽车都达不到的地区也可依靠航空运输，因而有其重要意义。

3. 适用性

航空运输的单位成本很高，因此，主要适合运载的货物有两类：一类是价值高、运费承担能力很强的货物，如贵重设备的零部件、高档产品等；另一类是紧急需要的物资，如救灾抢险物资等。

（五）管道

1. 概念

是利用管道输送气体、液体和粉状固体的一种运输方式。

2. 特点

管道运输的主要优点是，由于采用密封设备，在运输过程中可避免散失、丢失等损失，也不存在其他运输设备本身在运输过程中消耗动力所形成的无效运输问题。另外，运输量大，适合于大且连续不断运送的物资。缺点是：专用的运输方式。

三 运输合理化

组织商品合理运输，必须从实际出发，根据当前的交通运输条件，合理选择运输线路和运输工具，保证运输任务的完成。因此，必须加强运输环节的联系，做到环环紧扣、紧密协作，使商品合理运输的工作得以顺利进行。

（一）物流运输管理的原则

1. 及时

及时就是指按照供运销等实际需要，能够及时把货物运送到顾客指定的地点，尽量缩短物品的在途时间。

2. 准确

准确就是指在运输过程中能防止各种差错、事故发生，准确无误地将物品送交指定收货人。

3. 经济

经济就是指合理地选择运输方式和运输线路，有效地利用运输工具和设备，运用规模经济原理实施配货方案，节约人力和运力，提高运输经济效益，合理地降低运输的费用。

4. 安全

安全就是指货物、车辆、环境和人员的安全。

（二）影响运输合理化的因素

运输合理化的影响因素很多，起决定作用的有五个方面，称为合理运输的“五要素”。

1. 运输距离

在运输时运输时间、运输货损、运费、车辆周转等运输的若干技术经济指标，都与运输距离有一定的关系，运输距离长短是运输是否合理的一个最基本因素。因此，物流公司在组织商品运输时，首先要考虑运输距离，尽可能实现运输路径优化。

2. 运输环节

运输业务活动需要进行装卸、搬运、包装等工作，多一道环节，就会增加起运的运费和总运费。因此，减少运输环节，尤其是同类运输工具的运输环节，对合理运输有促进作用。

3. 运输时间

运输是物流过程中需要花费较多时间的环节，尤其是远程运输。在全部物流时间中，运输时间短有利于运输工具加速周转，充分发挥运力作用，有利于运输线路通过能力的提高。

4. 运输工具

各种运输工具都有其使用的优势领域，对运输工具进行优化选择，要根据不同的商品特点，分别利用铁路，水路，公路等不同的运输方式，选择最佳的运输线路，合理使用运力，以最大限度地发挥所用运输工具的作用。

5. 运输费用

运输费用在全部物流费用中占很大比例，是衡量物流经济效益的重要指标，也是组织合理运输的主要目的之一。

上述因素，既相互联系，又相互影响，有的还相互矛盾。运输时间短了，费用却不一定省，这就要求进行综合分析，寻找最佳方案。在一般情况下，运输时间快、运输费用省，是考虑合理运输的关键，因为这两项因素集中体现了物流过程中的经济效益。

第四节　商品库存管理

一　库存的概述

库存是指社会物质流动过程中，为了保证整个过程的连续性和均衡性，而在不同领域储备的物资。或者说是指企业在生产经营中为现在和将来的生产和销售而储备的资源。广义的库存还包括处于制造加工状态和运输状态的物品。一般地说，库存主要分为以下几个类型：

（一）安全库存

安全库存是一种额外持有的库存。作为一种缓冲器，它用来补偿由于自然界和环境干扰而造成的在订货提前期内实际需求量超过期望需求量所产生的需求。通常，安全库存就是为了防止特殊情况而制定的应对策略。

（二）在途库存

在途库存是指从一个地方到另一个地方处于运输路线中的库存。因此，缩短运输距离可以有效地降低在途库存量。从供应商到企业的距离应该尽可能地缩短，首先根据需要选择合适的运输方式，但是合适的运输方式是要通过仔细比较运输时间的长短对库存乃至库存成本的影响以及运输费用的影响而作出的选择。例如，通用汽车公司的供应商会随着公司在上海设厂而纷纷将工厂移到上海，其目的就是为了加快供应时间，降低库存成本。

（三）周转库存

周转库存是指为生产和销售而暂时存放的库存。这种库存是为了缓和需、求之间在时间上的矛盾。

（四）相关需求库存

相关需求库存是指需求时间与其他相关变量存在一定的相互关系的库存。例如，企业零部件的库存。

二 库存的必要性分析

（一）库存的作用

首先，库存是产生于生产管理的过程，主要功能是维持企业生产和销售的正常进行。现代市场变化莫测，物价上涨、政策变化等情况时有发生。另外，由于季节、人为等原因也容易造成物品短缺或者积压。合理的库存战略能够保障供需来源，避免由于紧急情况而出现的停产，从而使得企业的生产和销售保持连续性和高效性。例如，建筑企业的项目工地上都会保持一定量的建筑材料库存。

其次，库存能够平衡企业物流和降低企业成本。在现代企业的生产中，为了满足供应链高效率的要求，平衡库存材料、在制品及成品所占用的流通资金，库存起到了很大的作用。例如，减少订货量会增加企业的订货费用；保持一定量的在制品库存与材料，会减少生产交换次数，提高工作效率。

（二）库存的弊端

库存占用大量的资金，通常情况下会达到企业总资产的20%～40%；一定量的库存还会增加企业的产品成本和管理成本；库存掩盖了企业众多的管理问题，如计划不周、采购不当、生产不平衡、产品质量不稳定及销售不力等。

三 库存管理方法

库存管理的目的在于用最低的费用，在适宜的时间和适宜的地点获得适当的原材料、消耗品、半成品和最终成品，即保持库存量与订货次数的均衡，使企业资金得到合理的利用，从而实现盈利的目标。库存管理中最常出现的是不能及时供货和积压产品过多两个问题。

（一）ABC分析法

库存商品品种繁多、数量巨大，有的商品品种数量不多但市值很大，有的商品品种数量多但市值却不大，由于企业的各方面资源有限，不能对所有库存商品都同样重视，因此，好钢要用在刀刃上，要将企业有限的资源用在需要重点管理的库存上，按库存商品重要程度的不同，进行不同的分类管理和控制。

ABC分析法是将库存物品按品种和占用资金的多少分为特别重要的库存(A类)、一般重要的库存(B类)、不重要的库存(C类)三个等级，然后根据物资的品种和数量及其占用资金数额对物资进行分类，不同种类的物资给予不同的库存计划和管理计划。物资种类的划分可以参考表5-1。

表5-1　物资种类的划分标准

物资种类	品种数目	资金占用额
A类	5%～15%	60%～80%
B类	20%～30%	20%～30%
C类	60%～80%	5%～15%

A类物品，品种比例在5%～15%之间，平均为10%，品种比重非常小；年消耗的金额比例在60%～80%之间，平均为70%，占用了大部分的年消耗的金额。A类物品是关键的少数，是需要重点管理的库存。

B类物品，品种比例在15%～25%之间，平均为20%；年消耗的金额比例在15%～25%之间，平均为20%。可以发现，其品种比例和金额比例近似，是需要常规管理的库存。

C类物品，品种比例在60%～80%之间，平均为70%，品种比重非常大；年消耗的金额比例在5%～15%之间，平均为10%。C类物品虽然表面上只占用了非常小的年消耗的金额，但是由于数量巨大，实际上占用了大量的管理成本，是需要精简的部分，是需要一般管理的库存。

(二) ABC分析步骤

(1) 收集数据，如单价、种类、年销售量、占用资金等。

(2) 处理数据。对收集来的数据资料进行整理，按要求计算和汇总排序。

(3) 编制ABC分析表。

(4) 绘制ABC分析图。

(5) 确定重点管理方式，如表5-2所示。

表5-2　不同种类物资管理方式

分类结果	管理重点	订货方式
A类	重点管理，现场管理，严格要求，投入较大力量精心管理，经常进行检查和盘点	计算每种物品的订货量，采用定期订货方式
B类	常规管理，库存检查和盘点周期较A类长一些	采用定量订货方式
C类	一般管理，定期库存检查和盘点不费太多力量	集中大量订货，增加库存储备

本章小结

（1）物流是指原材料、半成品、产成品等从供应地到接收地的流动过程。物流管理是为了以最低的物流成本达到用户所满意的服务水平，对物流活动进行的计划、组织、协调和控制活动。

（2）采购即单位或个人为了满足某种特定的需要，以购买、租赁、借贷、交换等途径，取得商品或劳务的使用权或所有权的活动。采购制度包括：集中采购、分散采购和混合制采购。采购管理包括采购计划管理、采购订单管理和发票校验。

（3）运输是物品在一定距离间的空间移动。常见的运输方式有：铁路运输、公路运输、航空运输、管道运输和水路运输。

（4）库存的必要性以及库存管理方法：ABC 分析法。

思考及习题

1. 基本概念

物流管理　采购　采购管理　运输　库存

2. 简答题

（1）物流作业管理包括哪些内容？

（2）物流管理的具体目标包括哪些方面？

（3）运输方式有哪些？各有什么特点？

（4）简述 ABC 分析法在库存管理中的运用。

3. 实训题

一汽大众的零库存

1. 实现“零库存”的方法

（1）进货的“零库存”处理流程。

一汽大众的零部件的送货形式有三种：

第一种是电子看板，即公司每月把生产信息用扫描的方式通过计算机网络传递送到各供货厂，对方根据这一信息安排自己的生产，然后公司按照生产情况发出供货信息，对方则马上用自备车辆将零部件送到公司各车间的入口处，再由各车间分配到工位上。

第二种叫做准时化，即公司按整车顺序把配货单传送到供货厂，对方也按顺序装货直接把零部件送到工位上，从而取消了中间仓库环节。

第三种是批量进货，供货厂每月对于那些不影响大局又没有变化的小零部件分批地送

1～2次。

（2）在制品的“零库存”管理。

公司很注重在制品的“零库存”管理。在该公司流行着这样一句话：在制品是万恶之源，用以形容大量库存带来的种种弊端。在生产初期，捷达车的品种比较单一，颜色也只有蓝、白、红三种。公司的生产全靠大量的库存来保证。随着市场需求的日益多样化，传统的生产组织方式面临着严峻的挑战。

在整车车间，生产线上每辆车的车身上都贴着一张生产指令表，零部件的种类及装配顺序一目了然。计划部门控装车顺序通过计算机网络向各供货厂下计划，供货厂按照顺序生产、装货，生产线上的工人按顺序组装，一伸手拿到的零部件保证就是他正在操作的车上的。物流管理就这样使原本复杂的生产变成了简单而高效率的“傻子工程”。令人称奇的是，整车车间的一条生产线过去仅生产一种车型，其生产现场尚且拥挤不堪，如今在一条生产线同时组装2～3种车型的混流生产线，不仅做到了及时、准确，而且生产现场比原先节约了近10％。

（3）实现“无纸化办公”。

随着物流控制系统的逐步完善，计算机网络由控制实物流、信息流延伸到公司的决策、生产、销售、财务核算等各个领域中，使公司的管理步入了科学化、透明化。公司已实现了“无纸化办公”，各部门之间均通过电子邮件联系。

2. 评述

“零库存”是现代物流中的管理理念，它实质上是在保证供应的前提下，实现库存费用最低的一种管理方式。

工业生产和商品流通过程的阶段性目标并不一样，商业企业组织商品流通的目的是保证市场商品供应，而市场波动与供求不协调是完全正常的经济现象。但每当出现供不应求现象时，企业为能保持经常性的供求平衡，一般采取增加库存、保证供应的做法，实质上是加大了流动资金的占用量。

工业生产过程的复杂程度是众所周知的。在传统上，为适应这种复杂生产所形成的大量原材料、配件、在制品、各种零部件的库存，以及由此造成的大量资金占压，已成为许多企业的一大顽疾。本案例中，一汽大众实现的“零库存”，无疑是一个有意义的启示。

3. 分组讨论

（1）如果你作为公司的决策者，对于引进物流信息系统或自行开发物流信息系统将如何打算？二者的利弊各是什么？

（2）我国的建筑企业应如何利用现代物流方式实现低库存或者“零库存”？

第六章 企业人力资源管理

引导案例

《三国演义》中的人力资源管理

A公司刘总刚从日本考察回国，对日本企业管理界研读中国《三国演义》感慨良多。旋即在公司中高层管理者中推行这一做法，并且规定每季度要召开读书心得交流会，要求每次围绕一个主题，以一人作主题发言，大家参与讨论。一年过去了，刘总感到收效不明显。今晚照例轮由人力资源管理部吴经理作主题发言。吴经理清清嗓子开口道："为了准备这次研讨，我去了趟广州，与我的导师讨论了有关《三国演义》与人力资源管理的有关问题……从人力资源管理部的角度看，我认为《三国演义》是部企业管理和人力资源管理方面发人深省的反面教材，是先人留给我们的一部警世之作。"此言一出，满座哗然。

吴经理继续说道，从人力资源管理的视角看，《三国演义》是一座取之不尽的富矿，只不过是人们长期以来忽视它而已。我的导师与我讨论了魏蜀吴三国各自的战略意图与人力资源管理战略，各自的选人、育人、用人、留人策略及其成功与失当之处，并着重对曹操、孙权、刘备尤其是诸葛亮在人力资源管理方面的功过是非进行了深入的探讨，得出了许多与人们通常认识不一致的结论，使我既感到震撼又收益良多。

曹操之所以能够统一北方但又始终无法统一全国，最终导致三分天下的格局，与其在不同阶段的战略思维与用人战略是分不开的。孙权虽说是继承父兄基业，但在诸侯林立之中仍然稳据东南，这与他在不同阶段根据形势需要使用关键人才是分不开的，起初是重用周瑜开疆辟土，再次是任用鲁肃整顿内务，继而使用吕蒙稳定局面，最后是大胆起用年轻的陆逊去抗拒老谋深算的刘备，创造了火烧连营七百里的战争佳话。刘备的起家则完全靠的是外貌忠厚内藏乾坤的雄才大略和一套叹为观止的人力资源策略。从刘、关、张桃园三结义奠定刘备集团的核心，到网罗卧龙凤雏形成其参谋咨询班底，再到吸引赵云、黄忠、马超、魏延等战将，从一个落魄之人到成就伟业之雄才，处处显示其卓著的人力资源管理才能。而反观诸葛亮，则是谋事能臣、用人庸才。刘备去世后，实际掌握蜀汉大权的诸葛亮的每一决策几乎都与人力资源管理理念背道而驰。其用人策略与其战略理念相违背，本应是东和孙吴，北拒曹魏，却安排与曹魏不清不楚而与孙吴不共戴天的关羽镇守荆州，由于不重视人才培养和使用导致蜀中无大将，廖化作先锋，由于不懂(舍)得授权，事必躬亲，致使年仅50余岁英年早逝，空使英雄泪满襟。我们试想，如果诸葛亮投奔曹操且得到重用会怎么样？或者以诸葛亮之才，又懂得运用人力资源管理策略，也许历史将会重写。吴经理的话音刚落，会议室里陷入了长久的沉默。

思考：

1. 曹操、刘备、诸葛亮在人力资源的使用上有什么区别？
2. 如何合理进行人力资源的管理工作？

学习目标

通过本章的学习，使学生掌握人力资源管理的概念和特点；掌握人力资源管理的主要内容体系；掌握工作分析的概念；掌握人力资源规划的基本内容；掌握招聘的概念和方式；掌握人力资源培训的类别和反馈；掌握薪酬的构成；了解绩效管理的概念和基本内容。

人力资源管理是一个有机系统，人力资源管理要解决的主要问题是：在已知的有限的人力资源条件下，如何合理运用人力资源实现整体目标，并使得企业效益最大化。

第一节 人力资源管理概述

一 人力资源管理的基本概念

（一）人力资源

对于什么是人力资源，学术界尚无统一的定义。伊凡·伯格认为人力资源是人类可用于生产产品或提供各种服务的活力、技能和知识。雷西斯·列科认为人力资源是企业人力结构的生产力和顾客商誉的价值。内贝尔·埃利斯认为人力资源是企业内部成员及外部的人可提供潜在服务及有利于企业预期经营的总和。也有人认为人力资源是具有智力劳动和体力劳动的人们的总称。

从本源意义上说，人力资源是指在一定时间、空间条件下，现实和潜在的劳动力的数量和质量的总和。从时间序列上看，包括现有劳动力和未来潜在劳动力；从空间范围上看可区分为某个国家（地区）、某区域、某产业或某企业乃至家庭和个人的劳动力。它既包括劳动力的数量，还包括劳动力的质量，更包括劳动力的结构。人力资源的内涵至少包括劳动者的体质、智力、知识、经验和技能等方面的内容。为了统计方便，人们又常将各国法律规定的劳动年龄范围内有劳动能力的人口归于现实人力资源的范围。

（二）人力资源管理

人力资源管理是指根据企业发展战略的要求，有计划地对人力资源进行合理配置，通过对企业中员工的招聘、培训、使用、考核、激励、调整等一系列过程，调动员工的工作积极性，发挥员工的潜能，为企业创造价值，确保企业战略目标的实现。

从企业决策层次分析，人力资源管理与企业战略决策、人力资源管理战略决策以及人力资源管理策略决策息息相关。

二 人力资源管理的内容

与人力资源管理的目的和任务相一致，人力资源管理的基本功能包括：

（1）获取。根据组织目标，确认组织的工作要求及人数等条件，从而进行规划、招聘、考试、测评、选拔与委派。

(2) 整合。通过企业文化、价值观和技能的培训，对已有员工进行有效整合，从而达到动态优化配置的目的，并致力于从事人的潜能的开发活动。

(3) 保持。通过一系列薪酬、考核和晋升等管理活动，保持企业员工的稳定和有效工作的积极性以及安全、健康的工作环境。

(4) 评价。对员工工作表现、潜质和工作绩效进行评估和考核，为做出相应的奖惩、升降职和去留等决策提供依据。

(5) 发展。通过组织内部一系列管理活动，提高员工素质和组织整体效能，以达到个人与组织不断地共同发展的目的。

从人力资源管理的基本功能出发，人力资源管理发展至今，包括很多具体的管理内容，包括：工作分析、人力资源规划、招聘、甄选、人员配置、培训与开发、薪酬管理、绩效考核等一系列工作内容，以确保企业人力资源发挥最大的效益。

三 人力资源管理的发展阶段

从历史发展的角度探讨，人力资源管理经历了以下几个发展阶段：

(一) 人事管理(personnel management)阶段

人事管理的概念源于第二次世界大战后的美国，是指对人及有关人的事的全部领域的管理。人事管理与生产、营销、财务等管理一样，是企业的基本管理功能之一。我国企业、事业单位对于人的管理长期以来也是以人事管理为基础。

(二) 人力资源管理(human resource management)阶段

20 世纪 70 年代以来，随着全球竞争的日益激烈和人力资本作用的日益突出，发达国家的人事管理进入了一个新阶段，主要表现在：企业首席执行官开始关注、重视有关人的管理工作，并由副总裁级的领导主管这方面的工作；企业对有关人员的管理方面的投资大幅度增长；对人事工作者的资历和能力要求越来越高，其待遇也有较大改善；人事主管在组织决策层开始享有较大的发言权；企业越来越重视各级管理者和员工的教育培训工作。在这一时期，人事管理开始向人力资源管理阶段发展，其职责范围大为扩展，受重视程度、对企业的贡献和作用以及在企业中的地位等也都有了很大提高。

(三) 战略性人力资源管理(strategic human resource management)阶段

战略性人力资源管理的出现是与战略管理理论尤其是第四代、第五代战略管理理论的兴起密切相关的。传统的人力资源管理虽然比人事管理在管理的广度和深度方面都有很大突破和深入，但比较而言仍与组织战略目标结合不够紧密，还没有真正从战略的角度重视人力资源开发与管理对于组织目标实现的战略性作用。在这一阶段，开始出现“以人为中心”、“人本主义管理”、“人是企业最宝贵的财富”、“企业的首要目标是满足自己职工发展需要”等新的提法与概念，反映了管理价值观的深刻变化。

从传统人事管理发展到人力资源管理，是人力资源管理发展跨越的重大阶段，使得人力资源管理功能扩大化，这两个阶段的主要区别见表 6-1。

表 6-1 传统人事管理与人力资源管理的主要区别

	传统人事管理	人力资源管理
管理的重心	以工作为中心，将人视为成本	以人为中心，将人视为宝贵的资源
在企业中的地位	职能部门，属执行层	管理部门，属决策层
管理活动的性质	具体的，操作性强的	高附加值的
管理模式	被动反应式	主动开发式
管理对象	劳动力	知识型员工

四 人力资源管理的特点

（一）综合性

人力资源管理是一门相当复杂的综合性科学，需要综合考虑多方面的因素。它涉及经济学、心理学、管理学等多门学科，是一门综合科学。

（二）实践性

人力资源管理的理论主要来源于实际的管理实践，是对经验的总结与归纳的结果。人力资源管理理论必须在实践中实现自身的发展与完善。

（三）发展性

人力资源管理理论的发展受到社会发展的约束，必须随着社会的发展不断深化。因此，人力资源管理具有发展性的特点。

（四）民族性

人力资源管理本身就带有鲜明的民族特色。不顾民族特点对他国的经验盲目照搬，很难达到人力资源管理的预期目的。企业人力资源管理者必须对人力资源管理的民族性有一个深刻的理解。

（五）社会性

现代经济是社会化程度非常高的经济，在影响劳动者工作积极性和工作效率的多个因素中，生产关系和意识形态是两个方面的重要因素，而它们都与社会制度有着密切的关系。因此，人力资源管理也就具有很强的社会性了。

五 人力资源管理的原则

（一）优化原则

优化原则，即通过科学选聘、合理组合，实现人员配备的最优化。具体要求是：首先，要择优选拔，使优秀的人才担任重要的工作；其次，要适才适用，使不同类型的人才与不同性质的工作相适应，实现人与事的科学配置；再次，要用人以长，充分发挥人才的优势；最后，要人才互补、优化组合，发挥人才组合的整体效应。

（二）竞争原则

人员的选聘、组合、使用与发展不能在封闭和僵化的环境下进行，必须引进竞争机制，公开、公正、平等竞争，并形成有利于人才脱颖而出的有效机制。

（三）激励机制

激励机制，即通过人员配备，最大限度地调动人的积极性和创造性。具体做法是：首先，要搞好授权，放手使用，充分信任下级；其次，要科学地安排工作职位和进行工作设计，增强下级对所从事工作的兴趣；再次，要实行科学的考核，公正地对组织成员做出客观的评价；最后，要将奖励与贡献密切挂钩，并使物质奖励与精神奖励结合起来。

（四）开发原则

开发原则即在人员配备和使用的过程中，通过各种形式的智力开发，不断提高人员的素质，最大限度地发挥人的潜能，并要把促进人的全面发展作为组织的重要目标。

第二节 工作分析与人力资源规划

一 工作分析的概念

当需要了解一个组织的人力资源现状和为组织做人力资源管理咨询时，首先需要了解的是组织现行的岗位设置以及为什么这么设置这些岗位以及评价岗位设置的科学性。这就是所谓工作分析。

工作分析是指将组织中的各项职能有效地分解到各个职位上，明确工作关系、工作职责任务和任职资格等。在这个过程中需要注意的是：工作分析不仅关注构成整体的各个组成部分，即各个职位，而且关注各个职位之间的互相关系（层次、横向联系等）、各个职位与整个组织的关系、它们在整个组织中的地位和作用，以及组织与其各项工作之间不断变化的关系。

二 工作分析中的重要术语

在工作分析中，常用到以下重要术语：

（1）工作要素，是指工作中不能继续再分解的最小动作单位。

（2）任务，是指工作中为了达到某种目的而进行的一系列活动。

（3）责任，是指任职者为实现一定的组织职能或完成工作使命而需要完成的一个或一系列工作任务。

（4）职位，也叫岗位，在组织中完成一项或多项职责的一个任职者对应的位置就是一个职位，这些职责往往有一定的关联性。

（5）职务，是由组织中主要责任相似的组织职位组成的。

（6）职业，是一个更为宽泛的概念，指在不同的组织中从事相似活动的一系列职务。

三 工作分析的步骤

一个完整的工作分析，应该包括以下步骤：

第一，确定工作分析的目的。

第二，收集相关背景信息，包括：国家职业分类标准或国际职业分类标准，同行业其他企业的工作任务分配情况，企业内部组织结构图、工作流程图、已有岗位说明书（部门职能说明书）、已有薪酬管理制度、已有绩效考核制度等。

第三，决定职位分析方式，如全员分析或样本分析。

第四，选择合适的工作分析方法进行工作分析、信息收集。

第五，与实际任职者、上级主管核实工作分析信息。

第六，编制岗位说明书。这既是工作分析的有形成果，又是实现其他人力资源管理决策的支持文件。比如，职位价值分析、机构改革分析、岗位合并分析等。

四 工作分析的主要方法简介

（一）问卷调查法

获取工作分析信息的一种较为直接的方法是让任职者即员工填写工作分析问卷。这个工作至少有这两个步骤：

（1）根据工作分析的目的不同，设计工作分析问卷的问题。

（2）发放、回收和整理工作分析问卷。

一般来说，问卷调查法相对于其他方法速度快、被试者多、范围广、处理快。但是，从问卷调查法本身的操作来说，时间和质量上也有一定的差异。

设计工作分析问卷会花费大量时间和精力，在这个过程中要对问卷进行初测、反馈、修改，然后再正式发放，正式发放前需要选择被试者的构成以及对被试者进行集中培训和解释。

（二）工作日志法

工作日志法是指让在岗员工（任职者）按时间顺序记录工作过程，然后经过归纳与提炼，取得所需工作信息的一种职务信息提取方法。工作日志法又可称为工作自我记录分析法。

这种工作分析方法的步骤为：

（1）任职者按每天的时间先后顺序记录工作活动。

（2）由专业工作分析人员进行归纳、总结，提炼各种与工作分析相关的信息。

（三）观察法

观察法是指工作分析人员直接到现场，亲自对特定对象（一个或多个工作人员）进行观察、收集、记录有关工作的内容、工作人员的相互关系、人对工作的作用以及工作环境条件等信息，最后把取得的信息归纳、整理为适用的文字资料。

这种方法适用于可视化的工作、体力劳动、简单的脑力劳动，对于复杂的脑力劳动，往往可以将观察和提问相结合。

（四）工作实践法

工作实践法，又称参与法，是指工作分析者参与某一职位或从事所研究的工作，从而深入、细致、全面地体验、了解和分析职务特征及要求，在工作过程中掌握有关工作的第一手资料的一种方法。

这种方法适用于较为简单的、短期内就可以掌握的工作，否则将耗费大量的人力时间和精力。

五 人力资源规划的含义

要保证企业组织战略目标的实现，就必须对组织的现今和未来各种人力资源的需求进行科学的预测和规划。人力资源规划是指根据企业的发展规划，通过企业未来的人力资源的需求和供给状况的分析及估计，对职务编制、人员配置、教育培训、人力资源管理政策、招聘和选择等内容进行的人力资源部门的职能性规划。通俗地讲，人力资源规划是为了说明人力资源部门未来要做的工作内容和工作步骤。

一般而言，人力资源规划可以分为广义和狭义两种。广义的人力资源规划是指企业所有人力资源计划的总称，是战略规划和战术计划（具体的实施计划）的统一。简单而言，广义的人力资源规划就是对组织中的人事流从战略上加以规划和管理，确定出企业在什么时候需要人，需要多少人，需要什么样技能的人，怎样获取、配置及培训管理，企业需要制定怎样的政策等。狭义的人力资源规划特指企业人员规划，是指为实施企业的发展战略，完成企业的生产经营目标，根据企业内外环境和条件变化，运用科学的方法，对企业人力资源的需求和供给进行预测，制定相宜的政策和措施，从而使企业人力资源供给和需求达到平衡。

六 人力资源规划的原则

制定人力资源规划时，要注意以下三点原则。

第一，充分考虑内部、外部环境的变化。人力资源规划只有充分地考虑了内外环境的变化，才能适应需要，真正地做到为企业发展目标服务。内部变化主要是指销售的变化、开发的变化或者企业发展战略的变化，还有公司员工流动的变化等；外部变化主要指社会消费市场的变化、政府有关人力资源政策的变化、人才市场的供需矛盾的变化等。为了能够更好地适应这些变化，在人力资源规划中应该对可能出现的情况做出预测和风险分析，最好能有面对风险的应急策略。

第二，确保企业的人力资源保障。企业的人力资源保障问题是人力资源规划中要解决的核心问题。它包括人员的流入预测、流出预测、人员的内部流动预测、社会人力资源供给状况分析、人员流动的损益分析等。只有有效地保证了对企业的人力资源供给，才可能去进行更深层次的人力资源管理与开发。

第三，是企业和员工都得到长期的利益。人力资源规划不仅是面向企业的计划，也是面向员工的规划。企业的发展和员工的发展是相互依托、相互促进的关系。如果只是考虑企业的发展需要而忽略了员工的发展，则会有损于企业发展目标的达成。优秀的人力资源规划，一定是能够使企业和员工得到长期利益的规划，一定是能够使企业和员工共同发展的规划。

七　人力资源规划的内容

人力资源规划是战略规划与战术计划即具体的实施计划的统一，其目的是为了实现人力资源与其他资源的有效配置，以相对少的投入取得企业经济和社会效益的最大化。由此可见，人力资源规划的内容包括以下几个方面。

（一）战略规划

人力资源战略规划是根据企业总体发展战略，对企业人力资源开发和利用的方针、政策和策略的规定，是各种人力资源的具体计划的核心，是事关全局的关键性的计划。

（二）组织人事规划

组织人事规划是人力资源战略规划的下属概念，包括以下内容：

1. 组织结构调整变革计划

即在企业内外部环境和条件变化的情况下，通过对企业组织结构的诊断，发现组织机构和部门结构现存的问题，围绕企业组织调整和变革的目标、措施、步骤、方法和期限等内容所制订的行动方案。

2. 劳动组织调整发展计划

它是根据企业生产经营总体计划的要求，通过对劳动分工与协作方式、工作地的组织状况、工作轮班方式和工时制度，以及技术工人的素质状况和结构特点等方面的深入分析，为提高工效、实现劳动组织科学化所提出的具体的措施计划。

3. 劳动定员定额提高计划

劳动定员定额是企业在一定的生产技术组织条件下，采用科学合理的方法，为生产单位产品或完成某项工作任务所预先规定的活劳动消耗量的限额。随着企业内外部环境条件的变化，以及劳动者素质的提高，企业应适时地制订企业劳动定员定额计划，以提高劳动生产率，降低成本，有效地贯彻按劳付酬原则，激励员工。

4. 其他计划

如人力资源的供给与需求平衡计划，即人员补充计划；企业全员绩效考核与评价计划；

员工薪酬与激励计划；人力资源调配晋升与离退休计划；劳动安全与职业卫生计划等。

（三）制度建设规划

人力资源管理制度是企业人力资源管理系统有效运行的法律保障。企业要保证人力资源总体规划目标的实现，就必须不断建立、健全和完善企业人力资源管理的制度体系，使人力资源管理的各项基本职能得到充分发挥。

（四）员工开发计划

人力资源的开发和利用是人力资源规划的重点，它包括：企业全员培训开发计划、员工职业道德教育计划、员工职业技能培训计划、专门人才的培养计划等。这类计划的编制和实施，有利于提高企业整体素质和员工个体素质，增强企业智力资本的竞争优势。

（五）费用规划

费用规划是对企业人工成本、人力资源管理费用的整体规划，包括人力资源费用的预算、核算、结算以及人力资源费用控制。

综上所述，按照我国的习惯，使用“人力资源计划”这一术语时，一般是专指企业短期的具体人力资源计划，而使用“人力资源规划”这一术语时，一般是泛指企业中长期的各类人力资源规划。因此，在实践中，我们应当明确地加以界定。

第三节 人力资源的招聘与培训

一 人力资源的招聘

（一）人力资源招聘的含义

人力资源招聘，即人员招聘，是指组织及时寻找、吸引并鼓励符合要求的人到本组织中任职和工作的过程。组织需要招聘员工可能基于以下几种情况：新设立一个组织；组织扩张；调整不合理的人员结构；员工因故离职而出现的职位空缺等。作为企业人力资源管理的重要工作，人员招聘有以下几点意义：一是员工的招聘是企业成败的关键；二是招聘工作是整个人力资源管理工作的基础；三是招聘工作不仅决定组织绩效，而且影响组织气氛。

（二）人力资源招聘的途径

一般来讲，人员招聘的途径无非两条：外部招聘和内部提升。

1. 外部招聘

外部招聘就是组织根据一定的标准和程序，从组织外部选拔符合空缺职位要求的员工。

（1）外部招聘具有以下优势：① 具备难得的外部竞争优势；② 有利于平息并缓和内部竞争者之间的矛盾及紧张关系；③ 能够为组织输送新鲜血液。

（2）外部招聘也会有很多局限性，主要表现在：① 外聘者对组织缺乏深入了解；② 组织对外聘者缺乏了解；③ 对内部员工积极性造成打击等。

2. 内部提升

内部提升是指组织内部成员的能力和素质得到充分确认之后，被委以比原来责任更大、职位更高的职务，以填补组织中由于发展或其他原因而空缺了的管理职务。

(1) 内部提升制度具有以下优点：① 有利于调动员工的工作积极性；② 有利于吸引外部人才；③ 有利于保证选聘工作的正确性；④有利于被聘者迅速开展工作。

(2) 内部提升制度的弊端是：① 可能会导致组织内部"近亲繁殖"现象的发生；② 可能会引起同事之间的矛盾等。

(三) 人力资源招聘的程序和方法

1. 制订并落实招聘计划

当组织中出现需要填补的工作职位时，有必要根据职位的类型、数量、时间等要求确定招聘计划，同时成立相应的选聘工作委员会或小组。选聘工作机构可以是组织中现有的人力资源管理部门，也可以是代表所有者利益的董事会，或由各方利益代表组成的临时性机构。选聘工作机构要以相应的方式，通过适当的媒介，公布待聘职位的数量、类型以及对候选人的具体要求等信息，向组织内部公开招聘，鼓励那些符合条件的候选人积极应聘。

2. 对应聘者进行初步筛选

当应聘者数量很多时，选聘小组需要对每一位应聘者进行初步筛选。内部候选人的初选可以根据以往的考评记录来进行；对外部应聘者则需要通过简短的初步面谈，尽可能多地了解每个申请人的工作及其他情况，观察他们的兴趣、观点、见解、独创性等，及时排除那些明显不符合要求的人。

3. 对初选合格者进行知识与能力的考核

在初选的基础上，需要对余下的应聘者进行材料审查和背景调查，并在确认之后进行细致的测试与评估，其内容有以下几点。

(1) 智力与知识测试。测试是通过考试的方法测评候选人的基本素质，包括智力测试和知识测试两种基本形式。智力测试的目的是通过候选人对某些问题的回答，测试他的思维能力、记忆能力、应变能力和观察分析复杂事物的能力等。知识测试是要了解候选人是否具备待聘职务所要求的基本技术知识和管理知识，缺乏这些基本知识，候选人将无法进行正常工作。

(2) 竞聘演讲与答辩。这是对知识与智力测试的一种补充。测试可能不足以反映一个人的素质全貌，不能完全表明一个人运用知识和智力的综合能力。发表竞聘演讲，介绍自己任职后的计划和远景，并就选聘工作人员或与会人员的提问进行答辩，可以为候选人提供充分展示才华、自我表现的机会。

(3) 案例分析与候选人实际能力考核。在竞聘演说与答辩以后，还需要对每个候选人的实际操作能力进行分析。测试和评估候选人分析问题和解决问题的能力，可借助"情景模拟"或称"案例分析"的方法。这种方法是将候选人置于一个模拟的工作情景中，运用各种评价技术来观测考察其工作能力和应变能力，以此判断其是否符合某项工作的要求。

4．选定录用员工

在上述各项工作完成的基础上，需要利用加权的方法算出每个候选人知识、智力和能力的综合得分，并根据待聘职务的类型和具体要求决定取舍。对于决定录用的人员，应考虑由主管再一次进行亲自面试，并根据工作的实际与聘用者再做一次双向选择，最后决定选用与否。

5．评价和反馈招聘效果

最后要对整个选聘工作的程序进行全面的检查和评价，并对录用的员工进行追踪分析，通过对他们的评价检查原有招聘工作的成效，总结招聘过程中的成功经验与失败教训，及时反馈到招聘部门，以便改进和修正。

二 人力资源培训

（一）员工培训的概念

员工培训是指一个企业为改变员工的工作态度和工作能力，不断提高他们的工作业绩而进行的知识教育和技能培训。

员工培训有着以下几点的意义：首先，通过培训，可以帮助员工适应企业内外环境的迅速变化；其次，通过培训，可以满足员工自我发展和自我实现的需要，使其获得精神上的成就感；最后，通过培训，可以提高全体员工的素质，从而促进劳动生产率和工作效率的提高，最终实现企业的经济目标。

（二）员工培训的原则

1．战略原则

企业必须将员工的培训放在战略的高度来认识。员工培训有的能立竿见影，很快会反映到员工工作绩效上；有的可能在若干年后才能收到明显的效果，尤其是对管理人员的培训。因此，许多企业将培训看成只见投入不见产出的“赔本买卖”，往往只重视当前利益，安排“闲人”去参加培训，而真正需要培训的人员却因为工作任务繁重而抽不出身，结果就出现了所学知识不会用或根本不用的“培训专业户”，使培训真正变成了只见投入不见产出的赔本买卖。因此，企业必须树立战略观念，根据企业发展目标以及战略制定培训规划，使培训与企业的长远发展紧密结合。

2．理论联系实际，学以致用原则

员工培训应当有明确的针对性，从实际工作的需要出发与职位特点紧密结合，与培训对象的年龄、知识结构、能力结构、思想状况紧密结合，目的在于通过培训让员工掌握必要的技能以完成规定的工作，最终为提高企业的经济效益服务。只有这样，培训才能收到实效，才能提高工作效率。

3．知识技能培训与企业文化培训兼顾的原则

培训的内容，除了文化知识、专业知识、专业技能外，还应包括理想、信念、价值观、道德

观等方面。而后者又要与企业目标、企业文化、企业制度、企业优良传统等结合起来，使员工在各方面都能够符合企业的要求。

4. 全员培训与重点提高相结合的原则

全员培训就是有计划、有步骤地对在职的所有员工进行培训，这是提高全体员工素质的必经之路。为了提高培训投入的回报率，培训必须有重点，即对企业兴衰有着重大影响的管理和技术骨干，特别是中高层管理人员、有培养前途的梯队人员进行重点培训。

5. 培训效果的反馈与强化原则

培训效果的反馈与强化是不可缺少的重要环节。培训效果的反馈指的是在培训后对员工进行检验，其作用在于巩固员工学习的技能，及时纠正错误和偏差。反馈的信息越及时、准确，培训的效果就越好。强化则是指由于反馈而对接受培训人员进行的奖励或惩罚。其目的一方面是为了奖励接受培训并取得绩效的人员，另一方面是为了加强其他员工的培训意识，使培训效果得到进一步强化。

（三）员工培训的形式和方法

1. 按培训与工作岗位的关系划分

从培训与工作岗位的关系划分，主要有职前培训、在职培训和脱产培训。

（1）职前培训是对未进入工作岗位的人员先进行职业技术培训，目的是使员工对所面对的新岗位有一个清新的了解，使之掌握进入工作岗位时所必需的知识和技能，使人员能够在进入工作岗位后较快地熟悉和适应工作环境。职前培训的方式有很多种，如企业自办培训班，通过专业对口的职业学校招收人员，企业与学校共办培训班，学校为企业代培所需人才等。

（2）在职培训是对已进入工作岗位的人员进行培训，目的是使广大员工不断地增长知识、经验和能力，以适应科技发展导致的知识更新和企业不断发展的需要。在职培训的方法也有很多种，比如，聘请专家、教授讲课、参观学习、现场实习、函授教育、工作轮换、多种形式的视听教育等。

（3）脱产培训是有目的地选拔人员脱离工作岗位，到专门的培训场所进行培训，目的是使员工得到系统的训练，使其专业理论知识和技能得到系统的提高。

2. 按培训的组织形式划分

按培训的组织形式划分，有正规院校教育、短期培训班、自学等形式。

（1）正规院校包括各种普通和成人高校、党校、高等职业院校和中等职业院校等。正规院校承担的员工教育与培训主要侧重于员工专业理论知识的系统教育，如学历、专业资格教育，以及较系统的短期或中期专业培训。此种方式学习的系统性强，但所需时间较长，成本也较高。

（2）短期培训班主要侧重于对员工进行专题性的培训，具有针对性强、时间短、成本低、见效快的特点。

（3）自学是一种自我完善与提高的培训形式，企业应采取措施对有志于自学的员工加以支持和鼓励。

小链接

沃尔玛充足的员工培训

沃尔玛公司非常重视对员工的培养和教育，在总部和各分店开设各类培训班，利用晚间上课；并设有沃尔顿零售学校、萨姆营运学院等培训组织，专门培训高级管理人员。沃尔玛还非常注重提高分店经理的业务能力，并且在做法上别具一格。沃尔玛的最高管理层不是直接指导每家分店负责人该怎样做生意，而是创造一种环境，让分店经理们从市场、从其他分店学习这门功课。例如，沃尔玛的先进信息系统，为分店经理提供了有关顾客行为的详细资料。此外，沃尔玛还投资购置了专机，定期送各分店经理飞往公司总部，参加有关市场趋势及商品采购的研讨会。随着公司规模的持续扩大又安装了卫星通信系统，公司总部经常召开电话会议，分店经理无须踏出店门便能和其他分店交换市场信息。沃尔玛正是通过其独特的培训方法，来迅速提高其员工的工作能力和业务水平的。

第四节 薪酬管理与绩效考评

一 薪酬管理

（一）薪酬的概念与构成要素

1. 薪酬的概念

所谓薪酬，是指员工因聘用所获得的一切有形的（货币形式）和无形的（非货币形式）劳动报酬。报酬一般包括两类：一是经济性报酬，如工资、奖金等现金性收入以及福利、奖励等各种形式的其他报酬；二是非经济性报酬，如具有挑战性的工作本身、良好的工作环境等。

2. 薪酬的构成

（1）保障薪酬，即基本工资。工资是企业支付给员工的较为稳定的报酬，是报酬体系的主要部分。工资的主要类型有固定工资、计件工资、计时工资。

（2）激励薪酬，即奖金。奖金是由于员工的杰出工作表现以及对企业发展的特殊贡献，企业支付给员工的工资以外的劳动报酬，可以通过现金形式或是股权形式体现。

（3）福利薪酬，即福利。福利是指国家机关、企事业单位为员工在改善直接的劳动条件之外，从生活的诸多方面确保和提高员工及其家属生活水平而开展的活动和措施的总称。例如，各类保险、带薪休假、优惠购买企业股票、廉价住房、子女教育津贴等。

（4）薪酬的补充，即附加薪酬。附加薪酬是根据员工的特殊劳动条件和工作特性，以及特定条件下的额外生活费用而支付的劳动报酬。一般情况下，把属于生产性质的附加薪酬称为津贴，把属于生活费用性质的附加薪酬称为补贴。

（二）薪酬制度的设计原则

企业设计薪酬时必须遵循一定的原则，这些原则包括战略导向原则、经济性原则、体现员工价值原则、激励作用原则、相对公平原则、外部竞争性原则等。

1. 战略导向原则

战略导向原则强调企业设计薪酬时必须从企业战略的角度进行分析，制定的薪酬政策和制度必须体现企业发展战略的要求。企业的薪酬不仅仅是一种制度，它更是一种机制，合理的薪酬制度驱动和鞭策那些有利于企业发展战略的因素的成长和提高，同时，使那些不利于企业发展战略的因素得到有效的遏制。因此，企业设计薪酬时，必须从战略的角度分析哪些因素重要、哪些因素不重要，并通过一定的价值标准给予这些因素一定的权重，同时确定它们的价值分配及薪酬标准。

2. 经济性原则

薪酬设计的经济性原则强调企业设计薪酬时必须充分考虑企业自身发展的特点和支付能力。它包括两个方面的含义：从短期来看，企业的销售收入扣除各项非人工（人力资源）费用和成本后，要能够支付起企业所有员工的薪酬；从长期来看，企业在支付所有员工的薪酬及补偿所用非人工费用和成本后要有盈余，这样才能支撑企业追加和扩大投资，获得可持续发展。

3. 体现员工价值原则

现代人力资源管理必须解决企业的三大基本矛盾，即人力资源管理与企业发展战略之间的矛盾、企业发展与员工发展之间的矛盾和员工创造与员工待遇之间的矛盾。因此，企业在设计薪酬时，必须能充分体现员工的价值，要使员工的发展与企业的发展充分协调起来，保持员工创造与员工待遇（价值创造与价值分配）之间短期和长期的平衡。

4. 激励作用原则

激励作用原则就是强调企业在设计薪酬时必须充分考虑薪酬的激励作用及薪酬的激励效果。同样的薪酬，发放方式不同，激励效果是完全不一样的。这里涉及企业薪酬（人力资源投入）与激励效果（产出）之间的比例代数关系，企业在设计薪酬策略时要充分考虑各种因素，使薪酬的支付获得最大的激励效果。

5. 相对公平原则

相对公平原则，又称内部一致性原则，是亚当·斯密的公平理论在薪酬设计中的运用，它强调企业在设计薪酬时要一碗水端平。内部一致性原则包含以下几个方面：一是横向公平，即企业所有员工之间的薪酬标准、尺度应该是一致的；二是纵向公平，即企业设计薪酬时必须考虑到历史的延续性，一个员工过去的投入产出比和现在乃至将来都应该基本上是一致的，而且还应该是有所增长的。这里涉及一个工资刚性问题，即一个企业发给员工的工资水平在正常情况下只能涨，不能跌，否则会引起员工很大的不满；三是外部公平，即企业的薪酬设计与同行业的同类人才相比具有一致性。

6. 外部竞争性原则

外部竞争性原则强调企业在设计薪酬时必须考虑到同行业薪酬市场的薪酬水平和竞争对手的薪酬水平，保证企业的薪酬水平在市场上具有一定的竞争力，能充分地吸引和留住企业发展所需战略、关键性人才。

（三）薪酬设计的基本程序

薪酬设计的要点在于对内具有公平性、对外具有竞争力。要设计出合理科学的薪酬制度，一般要经历以下几个步骤。

1. 职位分析

职位分析是确定薪酬的基础。结合公司经营目标，公司管理层要在业务分析和人员分析的基础上，明确部门职能和职位关系，人力资源部和各部门主管合作编写职位说明书。

2. 职位评价

职位评价（职位评估）重在解决薪酬的对内公平性问题。它有两个目的：一是比较企业内部各个职位的相对重要性，取得职位等级序列；二是为进行薪酬调查建立统一的职位评估标准，消除不同公司间由于职位名称不同或即使职位名称相同但实际工作要求和工作内容不同所导致的职位难度差异，使不同职位之间具有可比性，为工资的公平性奠定基础。它是职位分析的自然结果，同时又以职位说明书为依据。

3. 薪酬调查

薪酬调查重在解决薪酬的对外竞争力问题。企业在确定工资水平时，需要参考劳动力市场的工资水平。企业薪酬调查的渠道选择必须根据企业自身环境和资源等方面的特点来决定。

4. 薪酬定位

在分析同行业的薪酬数据后，需要做的是根据企业状况选用不同的薪酬水平。影响公司薪酬水平的因素有多种。从公司外部看，国家的宏观经济、通货膨胀、行业特点和行业竞争、人才供应状况甚至外币汇率的变化，都对薪酬定位和工资增长水平有不同程度的影响。在公司内部，营利能力和支付能力、人员的素质要求是决定薪酬水平的关键因素。企业发展阶段、人才稀缺度、招聘难度、公司的市场品牌和综合实力，也是重要的影响因素。

5. 薪酬结构设计

现代企业的薪酬措施不同于传统的薪酬政策。许多跨国公司在确定人员工资时，往往要综合考虑三个方面的因素：一是其职位等级；二是个人的技能和资历；三是个人绩效。在工资结构上与其对应的，分别是职位工资、技能工资、绩效工资。也有的将前两者合并考虑，作为确定一个人基本工资的基础。

6. 薪酬体系的实施和修正

薪酬体系的实施和修正是严格执行薪酬制度，并针对现行薪酬体系中的问题进行必要的修正。

二　绩效考评

任何企业为了实现既定目标都需要用一定的标准来规范企业员工的行为，并以此标准对组织中的个人行为进行评估。企业员工的绩效考评也是一个完整的系统，它将指导企业的人力资源部门如何科学合理地考核员工。

（一）绩效考评的概念

绩效考评是一种正式的员工评估制度，它是通过系统的方法、原理来评定和测量员工的工作行为和工作效果。绩效考评是企业管理者与员工之间的一项管理沟通活动。绩效考评的结果可以直接影响到薪酬调整、奖金发放及职务升降等诸多员工的切身利益。

绩效考评是人力资源管理的重要环节。其目的在于为发现与选拔人才，为员工实施奖惩、升降、调配、培训等工作提供基本依据。通过对员工工作绩效的客观评价，有利于发掘和有效地利用员工潜在的工作能力；有利于激励员工努力工作，积极进取；有利于发现工作中的问题，使员工明确进一步改进工作的方向。

（二）绩效考评的原则

1. 客观公正原则

绩效考评首先要实事求是，防止主观武断，要做到考核标准客观、组织评价客观、自我评价客观。要增加考评工作的透明性，达到公开化、制度化。

2. 注重实绩原则

在考核过程中，考核的结果往往会牵涉到升降或奖惩，所以必须以员工的工作实绩作为根本依据。既要坚持注重实绩的原则，又要认真地处理好考绩与考德的关系。

3. 能级分层原则

对不同能力的人员，授予不同的职称和职权，对不同贡献的人员给予不同的待遇和奖励。

4. 反馈修改原则

在绩效考评之后，及时将结果反馈给被考核者，同时听取被考核者的意见及自我评价情况，从而达到积极修改、相互信赖、相互促进的目的。

5. 可行实用原则

可行实用是指考评的手段是否有助于组织目标的实现以及考评的方法是否与相应的岗位以及考评的目的相适应。

6. 阶段性和连续性相结合原则

阶段性的考核是对员工平时的各项评价指标数据的积累。考核的连续性要求对历次积累的数据进行综合分析，以求得全面、准确的结论。

7. 工作重点原则

绩效考评是对员工的全面工作考评，但并非对任何事情都要进行考评，对于那些与工作无关，甚至涉及员工个人隐私的内容，不宜作为考核内容。

（三）绩效考核的步骤

1. 制订计划

绩效考评应该按照计划进行，首先应该确定绩效评估的目的、作用和评估对象，再根据评估目的、对象选择评估的内容、标准、时间和方法以及由谁来评估。

2. 技术准备

在实施评估之前应先做好技术准备，包括拟定、审核评估标准，设计评估所用表格，设计、选择评估方法及工具，对评估者进行培训等。

3. 收集信息资料

负责考评的人员需要通过多种途径、多种方法去收集真实有效的信息，为绩效分析提供有价值的依据。

4. 分析评价

对收集来的信息资料进行分析评价，对被评估者做出一个公正的、综合性的评价，给出一个与评估标准相对应的评估结果。

5. 反馈运用

评估结果出来以后，及时将结果反馈给员工，使其能更清楚地了解自己的工作情况。同时，将结果运用到人力资源管理活动中去，以使人力资源管理活动有据可考。

（四）绩效考评的方法

根据绩效考评时所选择的内容不同，可以将绩效考评分为三种基本类型：一是品质基础性考评，主要用于评价员工的个性或个人能力、特征等；二是行为基础性考评，主要考评员工在工作中的行为表现，即工作是如何完成的；三是效果基础型考评，主要考评产出和贡献，而不关心行为和过程。针对不同的考评内容，企业通常可以采用以下考评方法。

1. 等级评估法

等级评估法是绩效考评中常用的一种方法。根据工作分析，将被考评岗位的工作内容划分为相互独立的几个模块，在每个模块中用明确的语言描述完成该模块工作需要达到的工作标准。同时，将标准分为几个等级选项，如优、良、合格、不合格等，考评人根据被考评人的实际工作表现，对每个模块的完成情况进行评估。总成绩便为该员工的考评成绩。

2. 目标考评法

目标考评法是根据被考评人完成工作目标的情况来进行考核的一种绩效考评方式。在开始工作之前，考评人和被考评人应该对需要完成的工作内容、时间限制、考评的标准达成一致。在时限结束时，考评人根据被考评人的工作状况及原先制定的考评标准进行考评。目标考评法适用于企业中实行目标管理的项目。

3. 序列比较法

序列比较法是对相同职务员工进行考核的一种方法。在考评之前，首先，要确定考评的模块，但是不确定要达到的工作标准。其次，将相同职务的所有员工在同一考评模块中进行比较，根据他们的工作状况排列顺序，工作较好的排名在前，工作较差的排名在后。最后，将每位员工几个模块的排序数字相加，就是该员工的考评结果。总数越小，绩效考评成绩越好。

4. 相对比较法

与序列比较法相仿，它也是对相同职务员工进行考核的一种方法。所不同的是，它是将员工进行两两比较，任何两位员工都要进行一次比较。两名员工比较后，工作较好的员工记“1”，工作较差的员工记“0”。所有员工相互比较完毕后，将每个人的成绩进行相加，总数越大，绩效考评的成绩越好。与序列比较法相比，相对比较法每次比较的员工不宜过多，范围在 5～10 名即可。

5. 重要事件法

考评人在平时注意收集被考评人的“重要事件”。这里的“重要事件”是指被考评人的优秀表现和不良表现，对这些表现要形成书面记录。对普通的工作行为则不必进行记录。根据这些书面记录进行整理和分析，最终形成考评结果。该考评方法一般不单独使用。

绩效考评的方法很多，一般而言，企业在运用绩效考核时不会单独使用一种方法或从一个角度进行评价。

思考及习题

1. 基本概念

人力资源管理　工作分析　人力资源规划　招聘　培训　薪酬　绩效考评

2. 简答题

(1) 简述传统人事管理和人力资源管理的区别。

(2) 人力资源规划的内容有哪些？

(3) 简述外部招聘和内部招聘的优缺点。

(4) 培训的方法有哪些？

3. 体验式练习

请同学们选择一种工作分析方法对老师或父母进行工作信息收集，看看通过工作分析能否很好地了解某岗位的工作内容和环境等。

4. 实训题

请同学们编写一份校园招聘计划书。

案例分析

宏伟公司的清扫工作该谁来做?

在宏伟公司的组装车间,一名包装工不小心将大量液体洒在操作台周围的地板上。正在一旁的包装组长见状立即走上前要求这名工人打扫干净。不料这名工人一口回绝道:“我的职责是包装产品,您应该让勤杂工处理这样的工作。况且,我的工作职责中没有要求我打扫卫生。”组长无奈,只得去找勤杂工,而勤杂工不在。因为,勤杂工要在正班工人下班后才开始清理车间。于是,包装组长只好自己动手将地板打扫干净。

第二天,包装组长向车间主任请求处分包装工,得到了同意。谁料人力资源部门却不予支持,反而警告车间越权。车间主任感到不解,包装组长更是满腹委屈,他反问道:“难道我就该什么都负责?我的职责中也没要求我做清扫工作呀。”

车间主任觉得自己的包装组长受了委屈,就向刘总经理反映了这一问题,要求刘总警告人力资源部不要过多地干涉车间内部事务,否则生产运作会受到不利的影响。但刘总却说:“我只管战略性的重大事务,内部的分工与沟通,你们自己去协商。”

车间主任尽管感到很吃惊,但还是表示理解总经理的指示,并且与人力资源部经理张杰进行协商。张杰的态度也很积极,马上让秘书拿来工作说明书一起分析。包装工的工作说明书规定:包装工以产品包装工作为中心职责,负责保持工作平台以及周围设备处于可操作状态。勤杂工的工作说明书规定:勤杂工负责打扫车间,整理物品,保持车间内外的整洁有序。为了保证不影响生产,工作时间为生产员工休息时。包装组长的工作说明书规定:包装组长负责使班组的生产有序、高效,并协调内部工作关系。车间主任的工作说明书规定:车间主任负责本车间生产任务的完成,并且可以采取相应的措施对员工加以激励。人力资源部门的职责主要包括员工的招聘、选拔、培训、考评、辞退、奖惩、发放工资福利等。

因为员工奖惩权归人力资源部门,因此人力资源部坚持认为生产部门对员工的处分决定是越权。生产部门则认为,对员工的奖惩应由自己决定,否则难以对员工进行有效管理。包装组长更是感到委屈,并声称要辞职。协商陷入了僵局。

思考:

(1) 宏伟公司的员工在工作中产生矛盾的原因是什么?应该如何解决矛盾?

(2) 你认为应该采取什么措施防止类似事件再次发生?

第七章　企业财务管理

引导案例

企业筹资决策

某汽车制造公司是一个多种经济成分并存,具有法人资格的大型企业集团。一天,总经理召开由生产副总经理、财务副总经理、销售副总经理、某信托投资公司金融专家参加的会议,讨论有关筹资问题。生产副总经理说:“目前筹集的1亿元资金,主要用于投资少、效益高的技术改造项目。这些项目在两年内均能完成建设并正式投产,到时将大大提高公司的生产能力和产品质量,估计这笔投资在投产后3年内可完全收回。所以,应发行5年期的债券筹集资金。”

财务副总经理提出了不同意见,他说:“目前公司全部资金总额为10亿元,其中自有资金为4亿元,借入资金为6亿元,自有资金比率为40%,负债比率为60%。这种负债比率在我国处于中等水平,与世界发达国家如美国、英国等相比,负债比率已经比较高了。如果再利用债券筹集1亿元资金,负债比率将达到64%,显然负债比率过高,财务风险太大。所以,不能利用债券筹资,只能靠发行普通股股票或优先股股票筹集资金。”

但金融专家却认为:发行股票,原有股东利益会受损,在企业利润一定的情况下,每股收益会降低20%,可能有些股东不会同意。如果发行债券,虽要定期付息还本,投资者的风险较小,估计以8%的利息率便可顺利发行债券,有利于提高股东收益。

筹资是一个财务问题,但又不单单是财务问题,在企业作出重大筹资决策时,需要有各方面管理人员和有关专家参与讨论,以便作出正确的决策。

(资料来源:王化成,财务管理案例.北京:中国人民大学出版社,2005.)

思考:

1. 企业筹集资金的渠道和方式有哪些?
2. 普通股筹资与优先股筹资的优缺点?
3. 资金成本如何确定?

学习目标

理解财务管理、企业筹资的概念,掌握筹资的各种方式及优缺点,了解成本和利润的管理,理解财务分析方法,掌握财务指标的分析与运用

第一节 企业财务管理概述

一 财务管理的概念

财务管理是企业管理的一个组成部分,它是根据财经法规制度,按照财务管理的原则,组织企业财务活动,处理财务关系的一项经济管理工作。简单地说,财务管理是组织企业财务活动,处理财务关系的一项经济管理工作。

二 财务管理的目标

(一) 概念

财务管理目标又称理财目标,是指企业进行财务活动所要达到的根本目的,它决定着企业财务管理的基本方向。财务管理目标是一切财务活动的出发点和归宿,是评价企业理财活动是否合理的基本标准。

(二) 目标

1. 利润最大化

利润最大化是指企业以尽可能少的成本消耗获取尽可能多的收益。以此为目标存在以下不足:

(1) 没有考虑资金的时间价值。去年的100万元利润和今年的100万元虽然金额相等但价值不等,显然前者大于后者,如果不考虑资金的时间价值必会得到错误的结论。

(2) 没有考虑投入产出比。如果单从利润额角度去判断企业的经济效益是不准确的,比如,同样获得10万元的利润,甲企业投入资本100万元,乙企业投入资本150万元,如果不考虑投入产出的比率就不能作出正确的财务判断。

(3) 没有考虑风险问题。在激烈的市场竞争环境下,高收益必然伴随着高风险,如果管理者一味追求利润最大化而忽视风险的存在将可能给企业造成巨大的损失,使财务管理工作陷入僵局。

2. 每股收益最大化

每股收益也称为资本利润率,是利润与资本的比值。该目标能够说明企业的盈利水平,且反映了投入与产出的关系,但仍然没有考虑资金的时间价值和风险因素。

3. 企业价值最大化

企业价值就是企业的市场价值。针对股份制企业,企业价值最大化也可称为股东财富最大化。股东财富由其发行的股票数量及股票价格两个因素决定。在股票数量一定的情况下,股票价格达到最高时,企业价值达到最大。对于非股份制企业,企业价值可以理解为企业所创造的预计未来现金流量的现值和。

和前两项目标相比，企业价值最大化目标考虑了资金的时间价值和风险因素，在一定程度上能够克服企业的短期行为。但是也存在一些缺点：首先，股票的价格受多种因素影响，有时价格会严重偏离价值，以股价来衡量企业价值会产生偏差；其次，非股份制企业只能采用资产评估的方式来衡量企业价值，而在评估过程中难免会受到一些主观因素的影响，从而影响到对企业价值确定的客观性和准确性。

小思考

同样是 10 万元，为什么今年的 10 万元和明年的 10 万元的价值会不一样？

三 财务管理的环境

（一）外部环境

1. 经济环境

影响财务管理的经济环境因素主要有经济周期、通货膨胀、经济政策、市场竞争。

（1）经济周期。经济周期也称为景气循环，是指经济运行中周期性出现的经济扩张与经济紧缩交替更迭、循环往复的一种现象。一般分为繁荣、衰退、萧条和复苏四个阶段。经济发展的周期性对财务管理工作有着重大影响，不同的周期应采取不同的财务管理策略。在经济繁荣时期，市场需求旺盛，销量大幅度上升，企业为了满足市场需求，需扩大生产规模，增加投资，这就要求财务人员迅速筹集所需资金；而当整个经济环境不景气时，企业销量下降，存货积压，投资锐减，经营环境恶化，财务管理人员需要适当调整财务政策，保证企业能够健康、持续、稳定发展。

（2）通货膨胀。通货膨胀是指货币购买力下降。这不仅对消费者不利，也给企业财务管理带来不利的影响。主要表现在：资金需求量增加、筹资成本上升、筹资难度增大、利润虚增等。

（3）经济政策。在市场经济条件下，扩张性财政政策可刺激投资、消费，增加生产和就业；反之，紧缩性经济政策抑制投资和消费，控制物价上涨，使生产和就业减少或增长慢一些。

（4）市场竞争。市场竞争对企业经济发展起到推动作用，为了提高竞争力，求得生存和发展，企业必须筹集足够的资金，研发新产品，进行广告宣传，提高服务质量，做好售后工作。投资成功，企业利润增加；反之，会使企业陷入困境甚至破产。

2. 金融市场环境

企业生产、经营所需资金除自有资金外大部分从金融市场获得。国家金融政策的变化必然会影响金融机构和金融市场，从而影响企业的筹资、投资。

3. 法律环境

法律环境是指企业开展经济活动时应当遵守的各种法律、法规和规章。法律对企业的经济行为进行约束，也为企业合法从事各项经济活动提供了保障。

（二）内部环境

1. 资产规模

资产规模的大小在相当程度上决定了财务管理工作的难易。大企业实力雄厚，更倾向于承接大型项目，需要大量资金，投资决策难度大，利润分配途径多，财务关系复杂，给财务管理工作增加了难度，而中小企业相对来说要简单一些。

2. 生产技术条件

针对不同的生产技术条件开展不同的财务管理工作。技术密集型企业由于其生产设备较先进，固定资产比重大，企业需筹集大量的长期资金；而劳动密集型企业，固定资产比重相对较小，企业需筹集大量的短期资金。

3. 经营管理水平

财务管理工作是企业管理的重要组成部分，企业管理工作的好坏、管理水平的高低以及各部门之间的相互协调和配合直接决定了财务管理工作的质量。如果企业内部有着完善、健全的管理制度并得到严格执行，那么财务管理工作就容易走上正轨并收到理想的理财效果；反之，必会给财务管理工作带来困难。

小思考

你如何理解通货膨胀会使货币的购买力下降？

第二节　企业筹资管理

一　企业筹资概述

企业筹资是指企业根据其生产经营、对外投资和调整资本结构的需要，通过筹资渠道和资本市场，运用筹资方式，经济有效地筹集企业所需资金的财务行为。筹集资金是资金运用的前提，是决定资金规模和生产经营发展速度的重要环节。

二　股权资本的筹集

股权资本也称自有资金，是企业最基本的资金来源，包括所有者投入企业的资本金及企业在经营过程中形成的积累。股权资金的筹集主要通过吸收直接投资、发行股票等方式进行。

（一）吸收直接投资

吸收直接投资是企业按照“共同投资、共同经营、共担风险、共享利润”的原则直接吸收国家、法人、个人、外商等的投入资金。出资者对企业拥有经营管理权，按出资比例分享利润、承担损失。出资方式如下：

（1）吸收现金投资。吸收现金投资是吸收直接投资中最重要的出资方式。现金在使用过程中具有很大的灵活性，企业有了现金可以购买所需一切资源，因此，企业应尽量动员投资者以现金方式出资。

（2）实物投资。实物投资是指投资者以房屋、建筑物、机械设备等固定资产以及原材料、燃料、产品等流动资产作价投资。

（3）无形资产投资。投资者以专利权、商标权、非专利技术、土地使用权等无形资产作价投资。

实物投资与无形资产投资可以直接形成企业经营所需资产，快速形成生产力，提高效率。但是非现金资产的价值难以确定，为避免利益冲突，要求投资双方协商作价或由中介机构评估作价。一般来说，企业吸收非现金投资应符合如下条件：确为企业科研、生产和经营所需；能改进产品质量提高生产效率；作价公平、合理。

（二）普通股筹资

普通股股票是股份公司发行的无特别权利的股份，它是构成公司资本的基础，是股票的一种基本形式，也是发行量最大、最为重要的股票。普通股股东享有对公司的经营管理权、红利分配权和剩余财产索求权。

1. 普通股筹资的优点

（1）没有固定的股利负担。是否发放股利、什么时候发放股利、发放多少股利主要取决于公司的盈利水平和股利政策，经营波动给公司带来的财务负担相对较小。

（2）资金的永久性。普通股没有到期日，无须还本，是企业的永久性资金，除非公司解散才予以偿还。它对保证公司对资本的最低要求、保证公司资本结构的稳定、维持企业长期稳定发展有重要意义。

（3）能增强公司的举债能力。普通股筹集的资金是公司的自有资金，它反映了公司的实力，可为债权人提供较大的保障，增强公司的举债能力。

（4）能提高公司的信誉。公司能成功发行普通股本身就是一种实力的表现，因此可以以此扩大公司的影响，提高公司的信誉和知名度。

2. 普通股筹资的缺点

（1）资本成本较高。首先，发行普通股会产生各种费用，如验资费、评估费、委托发行费、手续费等；其次，普通股股利税后支付，不具有避税作用，加大了普通股筹资的资金成本。

（2）普通股增发容易分散公司控制权。增发普通股，引入新股东，容易稀释原有股东对公司的参与权和控制权。

（3）普通股增发可能导致股票价格下跌。增发新股票会分享公司增发前积累的盈余，这就会降低每股的净收益，从而引发股票价格的下跌。

（三）优先股筹资

优先股股票是具有某些优先权利的特别股票。它的优先权力主要体现在三个方面：股息支付在先、股息固定、对剩余财产有优先索求权。

1. 优先股的优点

（1）资金的永久性。优先股没有到期日，无须偿还本金，属于企业的自有资金，这极大程度地减轻了公司的财务负担。

（2）股利的支付既固定又有一定的灵活性。优先股的股利支付标准是固定的，但股利的支付并不是公司的法定义务，在公司经营状况不佳时，可暂不支付优先股股利。

（3）优先股的发行能保证普通股股东对公司的控制权。优先股股东一般没有表决权，不参与公司的经营管理，这在很大程度上保证了普通股股东对公司的控制权。

（4）有利于增强公司实力。优先股的发行可增加公司自有资金，提升公司实力，提高公司的借款举债能力，吸引更多的借入资金。

2. 优先股的缺点

（1）筹资成本高。股利从净利润中支付，无法抵税。

（2）财务负担重。优先股股利固定，当利润下降时，优先股股利会成为一项较重的财务负担。

三 债务资本的筹集

（一）银行借款

银行借款是指企业根据借款合同向银行或非银行金融机构借入的需要还本付息的款项。

1. 银行借款的种类

（1）按借款的使用期限长短分为短期借款和长期借款。

（2）按借款的条件分为信用借款、抵押借款和担保借款。

（3）按借款的用途分为基本建设借款、专项借款和流动资金借款。

2. 银行借款的信用条件

按照国际惯例，银行借款往往附加一些信用条件，主要有信贷额度、周转授信协议、补偿性余额、借款抵押等。

（1）信贷额度。信贷额度即贷款限额，是企业和银行之间正式或非正式协议规定的企业借款的最高限额。在信用额度内，企业根据需要可随时向银行申请借款，如若超出限额，银行停止办理借款。

（2）周转授信协议。周转授信协议是指银行从法律上承诺向企业提供不超过某一最高限额的贷款协议。在协议的有效期内，通常是 1 年，只要企业借款总额未超过最高限额，银行必须满足企业任何时候提出的借款要求。企业享受周转授信协议，通常要对贷款限额未使用部分支付给银行一笔承诺费，一般按授信额度的 2‰计算。

(3) 补偿性余额。补偿性余额是银行要求借款企业将借款的10%～20%的平均借款余额留存银行。这样做有助于降低银行贷款风险，提高贷款利率，但对借款企业来说，补偿性余额提高了借款的实际利率，加重了企业的利息负担。

(4) 借款抵押。银行向财务风险较大、信誉度较低的企业发放贷款时，要求企业提供抵押品进行担保，以降低自己蒙受损失的风险。抵押品可以是股票、债券、房地产、存货及应收账款。银行收到抵押品后，根据抵押品账面价值的一定比例决定贷款金额，一般按30%～50%发放贷款，这一比例的高低，取决于抵押品的变现能力和银行的风险偏好。

3. 银行借款的优缺点

银行借款的优点主要有：

(1) 筹资速度快。企业从银行借款，一般所需时间短，手续简便，可较快满足企业的资金需求。

(2) 筹资成本低。银行借款利息可在税前支付，因此低于股票筹资成本，且无须支付大量的发行费用。我国目前银行借款利率低于债券利率，也减少了筹资成本。

(3) 用款灵活。在借款时，企业与银行直接商定贷款的时间、数额和利率等；用款时如财务状况发生变化可再行协商借款数量及还款期限等。

缺点主要有：

(1) 筹资风险大。银行借款有固定的利息和固定的偿付期限，如企业经营不善，有可能会面临不能偿付利息的处境，甚至会导致破产。

(2) 限制条件多。银行为保证信贷资金的安全，通常会在借款合同中注明一些限制条款，如定期报送有关报表、不准改变借款用途等，这在某种程度上会影响资金的有效利用，减少收益。

(3) 筹资数量有限。银行从风险管理角度出发一般不愿借出巨额的长期借款，因此银行借款不像发行股票、债券那样能一次性募集到大笔资金。

小思考

哪种信用条件提高了银行借款的实际利率？

(二) 债券筹集

债券是政府、金融机构、工商企业等各类经济主体向社会筹措资金时，向投资者发行，承诺按一定利率支付利息并按约定条件偿还本金的债权债务凭证。

1. 债券的发行价格

债券的面值即是债券的价格，但由于资本市场供求关系及利率的变化，有时债券的价格会偏离它的面值，因此债券发行的价格有三种：

(1) 平价。当票面利率等于市场利率时，以票面金额作为发行价格。

(2) 溢价。当票面利率高于市场利率时，以高于票面金额的价格作为发行价格。

(3) 折价。当票面利率低于市场利率时,以低于票面金额的价格作为发行价格。

2. 债券筹资的优缺点

债券筹资具有以下优点:

(1) 资金成本低。债券利息可作为费用从税前支付,具有抵税作用。故公司负担的债券成本低于股票成本。

(2) 保障股东的控制权。债券持有人无权参与企业的经营管理,不会影响股东对公司的控制权。

(3) 可发挥财务杠杆作用。无论公司盈利多少,债券利息都是固定的,在公司效益良好的情况下,更多的收益可以分配给股东或公司留用,从而增加股东和公司的财富。

债券筹资也如银行借款一样存在筹资风险大、限制条件多、筹资数额有限等缺点,这里就不一一赘述了。

(三) 融资租赁

融资租赁,又称金融租赁或财务租赁,是指出租人根据承租人对供货人和租赁标的物的选择,由出租人向供货人购买租赁标的物,然后租给承租人使用。

1. 融资租赁的主要特征

(1) 租赁物由承租人决定,出租人出资购买并租赁给承租人使用。

(2) 租赁是为了满足承租人对资产的长期需求,租赁资产的收益和风险由承租人承受。

(3) 出租人保留租赁物的所有权,承租人在租赁期间支付租金而享有使用权,并负责租赁期间租赁物的管理、维修和保养。

(4) 租赁合同一经签订,在租赁期间任何一方均无权单方面撤销合同。

(5) 租期结束后,承租人一般对租赁物有留购和退租两种选择,若要留购,购买价格可由租赁双方协商确定。

2. 融资租赁的优点

(1) 迅速获得所需资产。融资租赁集融资与融物为一体,可使企业尽快形成生产经营能力。

(2) 筹资限制条件少。相比较股票、债券、银行借款等,融资租赁限制条件较少。

(3) 免遭设备陈旧过时的风险。随着科学技术发展,设备难免陈旧,而很多租赁协议中规定,设备被淘汰风险由出租人承担,承租企业可免遭这种风险。

(4) 财务风险小。设备租赁费用通常在整个租期内分期支付,可适当减少不能偿付的风险。

(5) 税收负担轻。租金费用在所得税前扣除,具有抵税的作用。

3. 融资租赁的缺点

(1) 资金成本高。租金费用一般超出设备价值的 30%,远高于金融机构借款或发行债券的利息。

(2) 不利于资产结构的调整。承租企业在租赁期内没有资产所有权,不能随意处置资产。

（四）商业信用

商业信用是企业在正常的经营活动和商品交易中由于延期付款或预收账款所形成的企业间的借贷关系。即在商品交换中，由于商品和货币的时间和空间上的分离而形成的企业之间的直接信用行为。主要形式有：应付账款、应付票据和预收账款。

1. 应付账款

应付账款即赊购商品，意思是买卖双方发生商品交易，卖方允许买方在购货后一定时期内支付货款。卖方利用这种方式促销。而对买方来说，延期付款等于向卖方借入资金购进商品，可以满足短期的资金需要。

2. 应付票据

应付票据是指购销双方根据购销合同进行商品交易，因延期付款所开出的反映债权债务关系的一种信用凭证。应付票据分为带息票据和不带息票据。带息票据在票据上标有利率及计息日期，在到期日兑付时一并支付利息；不带息票据在到期日只按票面金额兑付，不另付利息。应付票据的利率低于银行借款利率，且不用保持相应的补偿性金额和支付协议费，所以应付票据的融资成本低于银行借款成本，但应付票据到期必须归还，如若延期便要交罚金，因此风险较大。

3. 预收账款

预收账款是卖方在交付货物之前向买方预收部分或全部货款的信用形式。对于卖方来说，预收账款相当于向买方借用资金后用货物抵偿。预收账款一般用于生产周期长、资金需求量大的货物销售，如轮船、飞机等，卖方向买方分次预收账款，以缓解资金占用过多的压力。对于某些紧俏商品，买方也乐于采取这种形式，以便顺利获得所需商品。

四 资金成本及资本结构的优化

（一）资金成本

资金成本是企业为筹措资金和使用资金而支付的费用，具体包括筹资费用和用资费用两部分。筹资费用是指企业在资本筹集过程中支付的各种费用，如股票、债券的发行费、银行借款手续费、资产评估费、律师费、代办费等。该类费用是在筹资时一次性发生的，在用资过程中不再发生，属于固定性的资本成本。用资费用是企业在投资、生产经营过程中因使用资本而支付的费用，如向股东支付的股利、向债权人支付的利息等，这部分费用随使用资金的多少和使用期限长短而变化，属变动性资本成本。

1. 个别资金成本的计算

$$银行借款成本=\frac{利息\times(1-所得税税率)}{筹资总额-筹资费用}\times100\%$$

$$债券成本=\frac{债券利息\times(1-所得税税率)}{债券发行价格-债券发行费用}\times100\%$$

$$优先股成本=\frac{优先股股利}{优先股发行价格-优先股发行费用}\times100\%$$

$$普通股成本=\frac{第一年股利}{普通股发行价格\times(1-筹资费用率)}+预期年增长率$$

2. 综合资金成本的计算

综合资金成本又称为加权平均资金成本，它是利用各种资金成本占全部资金成本的比重计算的加权算术平均数。其计算公式为：

$$综合资金成本=\sum(某种资金成本\times该种资金占全部资金的比重)$$

3. 边际资金成本的计算

边际资金成本是指每增加一个单位的资金所增加的成本。其计算步骤如下：确定目标资本结构→确定个别资本成本→计算筹资总额分界点→确定各种筹资方案的资金成本→计算边际资金成本。

4. 财务杠杆与财务风险

财务杠杆又称为融资杠杆，是由于固定利息费用的存在而导致的息税前利润变化引起的每股收益变化。不论企业营业利润是多少，债务的利息、优先股的股利、融资租赁的租金都是固定不变的，当息税前利润增加时，每 1 元利润负担的固定财务费用就会减少，这样就会增加普通股的收益；反之，会减少普通股的收益。企业为取得财务杠杆利益，必会增加债务资本，一旦息税前利润下降，企业的每股收益就会大幅度下降。在企业资本结构中，债务资本的比重越大，企业的财务风险就越大，因此企业所有者必须在财务杠杆利益和财务风险之间进行权衡，根据企业的抗风险能力合理安排资本结构。

（二）资本结构优化

资本结构是指企业资本的构成和比例关系，它是企业筹资决策中的关键问题。广义的资本结构是指包括短期资本和长期资本的构成和比例关系；狭义的资本结构只指长期资本的构成和比例关系。这里特指狭义的资本结构。

企业资本结构是由企业采用各种筹资方式筹集资金形成的，主要分为债务资本和权益资本两大类，因此，资本结构的主要问题是债务资本的比例问题。负债筹资具有两面性：一方面债务资本可以降低企业综合资金成本，而另一方面又给企业带来财务风险。因此，在筹资决策时，企业必须权衡资金成本和财务风险的关系，确定最优资本结构。

最优资本结构就是使企业综合资金成本最低、企业价值最大的资本结构。最优资本结构的确定通常有以下两种方法：

(1) EBIT—EPS 分析法，也称为每股收益无差别点法。每股收益无差别点是指不同筹资方案下普通股每股收益相等时的息税前利润点，也称为息税前利润平衡点或筹资无差别点。当预期息税前利润大于无差别点的息税前利润时，应采用负债筹资方式；反之，以发行普通股筹资较为有利。

(2) 比较资金成本法。比较资金成本法是计算不同资本结构的加权平均资金成本，以其中加权平均资金成本最低的资本结构为最优资本结构。该方法通俗易懂、计算简便，是确定最佳资本结构的常用方法。

第三节 企业成本与利润管理

一 成本费用管理

（一）成本、费用的概念及其关系

成本和费用是指用货币表示的，为达到一定目的，在生产经营活动中发生的人力、物力和财力的耗费总额。它们的区别主要在于：成本有特定的对象，而费用没有特定的对象。成本是针对特定对象或目的，转嫁到产出物的耗费，是针对一定的产出物来计算归集的。这个产出物可以是一件产品，也可以是一项服务。费用是指为取得本期营业收入所发生的资产耗费，它强调在一定的时间区间内与收入相匹配的耗费。

（二）成本的构成

1. 生产成本

生产成本是与生产直接相关的各项支出，有的直接为产品所消耗，有的则与管理和组织生产直接相关，故生产成本可分为直接材料、直接人工、制造费用。

(1) 直接材料，是指在生产经营过程中，直接用于产品生产、构成产品实体的原材料、辅助材料、外购半成品以及其他直接材料。

(2) 直接人工，是指企业直接从事产品生产的工人的工资、奖金、津贴和福利费等。

(3) 制造费用，是指企业各生产单位为生产产品和提供劳务所发生的各项间接费用，如车间管理人员工资、折旧费、修理费、办公费、租赁费等。

2. 期间费用

期间费用是指当期发生的、与生产活动没有直接联系的、直接计入各期损益的各项费用，包括管理费用、财务费用和营业费用。

(1) 管理费用，是指企业为管理、组织生产经营活动而发生的各项费用，包括管理人员工资和福利费、工会经费、劳动保险费、房产税、土地使用税等。

(2) 财务费用，是指企业筹集生产经营所需资金而发生的费用，包括利息支出、汇兑损失、金融机构手续费以及为筹资发生的其他费用。

(3) 营业费用，是指企业在销售产品、提供劳务过程发生的各项费用以及专设销售机构的各项经费，包括运输费、保险费、展销费、广告费，以及专设销售机构的职工工资等。

（三）成本控制原则

1. 全员参与原则

成本控制是企业全体职工的共同任务，企业领导干部、技术人员、管理人员和工人，人人都要参与成本管理活动。每个人都应养成节约成本的习惯，正确理解和使用成本控制办法，据以改进工作，降低成本，提高经济效益。

2. 成本效率原则

以最少的成本投入，获得最大的经济效益。

3. 责任制原则

将成本目标落实到各个部门，由部门再落实到班组或个人，并定期检查目标完成情况，建立奖惩制度。

4. 具体情况具体分析原则

针对不同的企业采取不同的成本管理方法，结合实际，从可能性和现实性出发，不能一味照搬别人的做法，要找到适合企业自身特点的成本管理办法。

（四）成本控制办法

1. 理论极限控制法

理论成本与实际成本之间存在的差值即是成本控制的目标值，这个目标值的完成程度应作为企业考核奖惩的依据。

2. 目标成本控制法

目标成本控制法是以给定的竞争价格为基础决定产品的成本，以保证实现预期的利润。即首先确定客户会为产品、服务付多少钱，然后再设计能够产生期望利润水平的产品、服务和运营流程。

3. 价值工程法

价值工程法是指对产品或服务进行功能分析，使目标以最低的总成本可靠地实现产品或服务的必要功能，从而提高产品或服务的价值。

二　利润管理

利润是指企业在一定时期内的生产经营成果，是企业效率和效益的最终体现。

（一）利润的构成

企业利润一般包括营业利润、利润总额和净利润。

1. 营业利润

$$营业利润=营业收入-营业成本-营业税金及附加-销售费用-管理费用-财务费用+投资净收益$$

其中，营业收入是企业在生产经营过程中，因销售产品或提供劳务获得的各项收入，包括主营业务收入和其他业务收入。

营业成本是企业销售产品或提供劳务产生的成本，包括主营业务成本和其他业务成本。

营业税金及附加是企业应负担的各种税费，包括营业税、消费税、资源税和教育费附加等。

销售费用是企业在销售商品、材料和提供劳务过程中产生的各种费用，包括包装费、保险费、广告费、运输费等。如有专设的销售机构，那么该机构的职工薪酬、业务费、折旧费、固定资产折旧费等都应包括在内。

管理费用是企业为组织、管理生产经营活动而发生的各项费用，包括开办费、管理人员薪酬、工会经费、房产税、土地使用税等。

财务费用是企业为筹集生产经营所需资金而产生的费用，包括利息支出、汇兑损失以及相关手续费等。

投资净收益是企业对外投资取得的收益减去损失后的余额。

2. 利润总额

利润总额＝营业利润＋营业外收入－营业外支出

营业外收入包括固定资产盘盈净收入、出售固定资产净收益、违约的罚款收入、教育费附加返还款等。

营业外支出包括固定资产盘亏、报废、毁损、出售的净损失、非常损失、公益救济性捐款、赔偿金、违约金等。

3. 净利润

净利润又称为税后利润，是企业进行利润分配的依据。其计算公式为：

净利润＝利润总额－所得税

（二）利润分配

利润分配是将企业实现的净利润按照国家财务制度规定的分配形式和分配顺序，在国家、企业和投资者之间进行分配。利润分配的过程与结果，不仅关系到所有者的合法权益能否得到保护，还关系到企业能否长期、稳定发展。为此，企业必须加强利润分配的管理和核算。利润分配应按一定的顺序进行，具体如下：

1. 弥补企业以前年度亏损

企业发生的年度亏损，可用下一年的税前利润弥补，下一年利润不足弥补的，可以在5年内延续弥补。

2. 提取法定盈余公积金

法定盈余公积金按照净利润弥补亏损后的10％提取，如已达公司注册资本50％时可不再提取。提取的法定盈余公积金用于弥补亏损或转增资本，转增后留存的法定盈余公积金不得低于注册资本的25％。

3. 提取任意盈余公积金

公司从净利润中提取法定盈余公积金后，经股东会或股东大会决议，还可以从净利润中提取任意公积金。其提取比例由企业自行决定。

4. 分配股利

企业本年度净利润加上以前年度未分配利润，按照收益分配的原则和投资者的出资比例或按照相关约定给投资者分配利润。

小思考

为什么公司只有在弥补以前年度的亏损以后才能进行盈利的分配？在盈利分配之前为什么要计提法定盈余公积金？

第四节　企业财务分析

一　财务分析方法

（一）比较分析法

比较分析法又叫水平分析法，是将反映企业财务状况的数据与前期或历史某一时期的数据进行对比，确定其增减变动的方向、程度，来说明企业财务状况或经营成果的变动趋势的一种方法。其计算公式如下：

$$差异额=报告期数值-基期数值（或某一固定时期数值）$$

$$变动率(\%)=\frac{差异额}{基期数值（或某一固定时期数值）}\times 100\%$$

$$变动百分比(\%)=\frac{报告期数值}{基期数值}\times 100\%$$

（二）比率分析法

比率分析法是利用财务报表中两项相关指标的比率确定经济活动变动程度的分析方法。

比率指标主要有以下三种：

1. 结构比率

结构比率又称构成比率，是财务报表中个别项目数值与全部项目总和的比率。这类指标反映部分与总体的关系，其计算公式为：

$$结构比率=\frac{某个组成部分数值}{总体数值}\times 100\%$$

例如，流动资产占全部资产的百分比、存货占流动资产的百分比等。

2. 动态比率

动态比率是某个项目不同时期的数值对比，反映该项目的发展变化程度。其计算公式为：

$$动态比率=\frac{报告期水平}{基期水平}\times 100\%$$

由于采用的基期不同，动态比率有定基动态比率和环比动态比率之分。

(1) 定基动态比率是报告期水平与某一固定基期水平(通常是最初水平)之比。其计算公式为：

$$定基动态比率=\frac{报告期水平}{某一固定基期水平}\times 100\%$$

(2) 环比动态比率是报告期水平与前一期水平之比。其计算公式为：

$$环比动态比率=\frac{报告期水平}{前一期水平}\times 100\%$$

3. 相关比率

相关比率是两个性质不同但又有联系的总量指标数值之比，借以评价财务状况和经营成果。

这类比率大致分为：反映盈利能力的比率，即反映企业赚取利润的能力，如净资产收益率、总资产报酬率；反映营运能力的比率，即反映企业在资产运营方面的效率情况，如总资产周转率、流动资产周转率；反映偿债能力的比率，即反映企业偿付到期债务的能力，如资产负债率、速动比率；反映发展能力的比率，如销售增长率、资本积累率。

(三) 因素分析法

因素分析法是依据分析指标与其影响因素的关系，按照一定的步骤和计算方法，确定各因素变化对分析指标影响方向和影响程度的方法。

因素分析法根据其分析特点分为连环替代法和差额计算法两种。

1. 连环替代法

所谓连环替代法就是在确定分析指标与其影响因素之间的关系后，列出报告期与基期两个关系式作为分析对象。然后，以基期指标体系为计算基础，用报告期指标体系中的每一因素的报告期数顺序地替代其相应的基期数，每次替代一个因素，替代后的因素被保留下来。每次替代后，按关系式计算其结果。有几个影响因素就替代几次。比较各因素的替代结果，确定各因素对分析指标的影响程度。比较替代结果是连环进行的，即将每次替代所计算的结果与这一因素被替代前的结果进行对比，二者的差额就是替代因素对分析指标的影响程度。

例 7-1 某企业利润额资料如表 7-1 所示，试分析销售量、销售价格、利润率对利润总额的影响。

表 7-1 某企业利润额资料

指标	因素					
	销售量(件)		销售价格(元)		利润率(%)	
利润总额	基期	报告期	基期	报告期	基期	报告期
	450	500	700	770	8	9

由于利润总额是销售量、销售价格、利润率三个因素的乘积，因此，可以把利润总额这一

指标分解为三个因素，然后逐个分析它们对利润总额的影响。根据表 7-1 中的资料可知，报告期利润＝500×770×9＝346.5（万元），基期利润＝450×700×8＝252（万元），报告期比基期多 94.5 万元。运用连环替代法，可以计算各因素变动对利润总额的影响方向和程度。计算如下：

基期利润总额＝450×700×8＝252（万元）

第一次替代：500×700×8＝280（万元）

第二次替代：500×770×8＝308（万元）

第三次替代：500×770×9＝346.5（万元）

三因素分析，销售量增加使得利润总额增加 28 万元（即 280－252＝28），价格提高使得利润总额增加 28 万元（即 308－280＝28），利润率上升使得利润总额增加 38.5 万元（即 346.5－308＝38.5）。

综上所述：94.5 万元＝28 万元＋28 万元＋38.5 万元

2. 差额分析法

差额分析法是连环替代法的一种简化形式，其因素分析的原理与连环替代法相同，区别只在于分析程序上，即它可直接利用各影响因素的报告期数与基期数的差额，在其他因素不变的假设条件下，计算各影响因素对分析指标的影响方向和程度。

仍以表 7-1 所列数据为例，采用差额分析法计算各影响因素变动对利润总额的影响。

由于销售量增加对利润总额的影响：(500－450)×700×8＝28(万元)

由于销售价格提高对利润总额的影响：500×(770－700)×8＝28(万元)

由于利润率上升对利润总额的影响：500×770×(9－8)＝38.5(万元)

综上所述：94.5 万元＝28 万元＋28 万元＋38.5 万元

不难看出，差额分析法与因素分析法的计算结果完全相同，在影响因素较多的情况下，由于能够简便、合理地排列影响因素的顺序，差额分析法被普遍采用。

二 财务指标分析

（一）偿债能力指标

偿债能力是指企业偿还到期债务的能力，也叫支付能力或变现能力。偿债能力指标包括短期偿债能力指标和长期偿债能力指标。

1. 短期偿债能力指标

(1) 流动比率。流动比率是企业流动资产与流动负债的比率，反映公司流动资产对流动负债的保障程度。其计算公式为：

$$流动比率=\frac{流动资产}{流动负债}\times 100\%$$

一般情况下，该指标越大，表明公司短期偿债能力越强，流动负债得到偿还的保障越大，企业风险越小；反之则风险越大。通常，流动比率不可以过高，一般在 200%左右，过高的流动比率表明企业停滞在流动资产的资金较多，影响资金的使用效率，进而影响资金的获利能力。在进行财务分析时不能仅仅依赖该指标的计算结果，有时候流动比率虽高但偿还短期债务的能力不强，因为如果流动资产中包含大量的积压存货、应收账款，且收账期长，而现金和存款却短缺，则公司的偿债能力仍然是不足的。

(2) 速动比率。速动比率是企业的速动资产与流动负债的比率，是衡量企业流动资产中可以立即偿还流动负债的能力。其计算公式为：

$$速动比率=\frac{速动资产}{流动负债}\times 100\%$$

所谓速动资产，是指流动资产减去变现能力较差且不稳定的存货、预付账款、一年内到期的非流动资产和其他流动资产之后的余额，用公式表示为：

速动资产＝货币资金＋交易性金融资产＋应收账款＋应收票据

＝流动资产－存货－预付账款－一年内到期的非流动资产－其他流动资产

一般情况下，速动比率越高，企业偿还流动负债的能力越强。国际上通常认为，速动比率等于100%就说明企业有偿债能力；低于100%说明企业偿债能力不强，面临偿债风险较大；如果高于100%，尽管债务偿还的安全性很高，但却因企业现金及应收账款资金占用过多而大大增加企业的机会成本。

2. 长期偿债能力指标

(1) 资产负债率。资产负债率又称负债比率，是指公司负债总额对资产总额的比率。它表明公司资产中，债权人提供资金所占比重，以及公司资产对债权人权益的保障程度。

其计算公式为：

$$资产负债率=\frac{负债总额}{资产总额}\times 100\%$$

从企业债权人角度看，资产负债率越低，企业偿债能力就越强，债权人的权益就越有保障；从公司经营者和所有者角度看，只要资产收益率大于利率，资产负债率越高对股东越有利，它表明公司利用负债资金为自己带来更多的投资收益，即利用较少自有资金投资形成了较多的生产经营用资产，不仅扩大了企业规模，还利用杠杆原理提高所有者获利能力。但资产负债率过高又会影响企业的筹资能力。因此，一般来说，该指标为50%较为合理。如果该指标大于100%，表明企业已经资不抵债，濒临破产边缘。

(2) 股东权益比率。股东权益比率是股东权益总额与资产总额的比率。其计算公式为：

$$股东权益比率=\frac{股东权益总额}{资产总额}\times 100\%$$

股东资产比率反映公司资产中所有者投入所占比例，因此股东权益比率与资产负债率之和等于1，两者是此消彼长的关系，股东权益比率越高，资产负债率就会越低，企业的财务风险也就越小；反之，风险越大。

(二) 营运能力指标

营运能力反映企业资金周转状况。

1. 存货周转率

存货周转率是指企业在一定时期内存货占用资金可周转的次数，或存货每周转一次所需要的天数。因此，存货周转率指标有存货周转次数和存货周转天数两种形式：

$$存货周转次数=\frac{销售成本}{平均存货}$$

其中：

$$平均存货=\frac{期初存货+期末存货}{2}$$

$$存货周转天数=\frac{计算期天数}{存货周转次数}$$

存货周转率是衡量和评价企业购入存货、投入生产、销售收回等各环节管理状况的综合性指标。一般情况下，存货周转率越高，表明企业存货周转速度越快，存货的占用水平越低，企业生产销售能力越强；反之，则说明存货储存过多，占用资金多，变现能力差，增大了企业的经营风险。

2. 应收账款周转率

应收账款周转率是企业一定时期内营业收入与平均应收账款余额的比率，是反映应收账款周转速度的指标，有应收账款周转次数与应收账款周转天数两种形式，其计算公式为：

$$应收账款周转次数=\frac{营业收入}{平均应收账款余额}$$

其中：

$$平均应收账款余额=\frac{年初应收账款余额+年末应收账款余额}{2}$$

$$应收账款周转天数=\frac{平均应收账款余额}{营业收入}\times 360$$

一般来说，应收账款周转率高，表明公司收账速度快，平均收账期短，坏账损失少，资产流动快，偿债能力强。但从另一方面说，如果公司的应收账款周转率过高，则表明公司奉行较紧的信用政策，付款条件过于苛刻，这样会限制企业销售量的扩大，进而影响企业的盈利水平。

（三）盈利能力指标

盈利能力是企业赚取利润的能力，通常体现为企业收益的多少和水平的高低。通常使用的主要有净资产收益率、总资产报酬率、市盈率等。

1. 净资产收益率

净资产收益率是企业一定时期内净利润与平均净资产的比率。该指标反映股东权益的收益水平，用以衡量公司运用自有资本的效率。其计算公式为：

$$净资产收益率=\frac{净利润}{平均净资产}\times 100\%$$

其中：

$$平均净资产=\frac{期初净资产+期末净资产}{2}$$

一般认为，净资产收益率越高，企业自有资本获取收益的能力越强，运营效益越好，否则相反。

2. 总资产报酬率

总资产报酬率是企业一定时期内获得的报酬总额与平均资产总额的比率。它是反映企业资产综合利用效果的指标，也是衡量企业利用债权人和所有者权益总额所取得盈利的重要指标。其计算公式为：

$$总资产报酬率=\frac{息税前利润总额}{平均资产总额}\times 100\%$$

其中：

$$息税前利润总额=净利润+所得税+利息支出$$

$$平均资产总额=\frac{期初资产总额+期末资产总额}{2}$$

总资产报酬率反映公司资产的利用效率，该指标越高，表明企业资产的利用率越高，资产的盈利能力越强，经营管理水平越高。

3. 市盈率

市盈率是上市公司普通股股票价格与每股收益的比率，反映投资者对每元收益愿意支付的价格，可以用来估计股票的投资报酬和风险。其计算公式为：

$$市盈率=\frac{普通股每股市价}{普通股每股收益}$$

市盈率是反映上市公司获利能力的一个重要财务指标。市盈率高，说明投资者对该公司的发展前景期望高，预期能获得较好的回报，愿意出较高的价格购买该公司股票。但是也应注意，如果市盈率过高，那么该股票的价格可能具有泡沫，价值被高估，从而具有较高的投资风险。

本章小结

财务管理是组织企业财务活动、处理财务关系的一项经济管理工作。财务管理的目标存在三种观点：利润最大化、每股收益最大化、企业价值最大化。

企业筹资是指企业根据其生产经营、对外投资和调整资本结构的需要，通过筹资渠道和资本市场，运用筹资方式，经济有效地筹集企业所需资金的财务行为。它是企业财务管理工作的起点，是企业财务管理的主要内容。企业筹资的方式主要有：吸收直接投资、发行股票、银行借款、发行债券、融资租赁和商业信用等。

资金成本是企业为筹措和使用资金付出的代价。资金成本的具体计量形式有个别资金成本率、加权平均资金成本率和边际资金成本率三种。资本结构是指借入的长期资本与自有资本的构成及其比例关系。确定最佳资本结构的决策方法有:EBIT－EPS 分析法、比较资金成本法。

财务杠杆是指由于固定利息费用的存在而导致的普通股每股收益的变动大于息税前利润的变动。只要企业存在债务资本及优先股,就会有财务杠杆效应的存在。

成本是针对特定对象或目的,转嫁到产出物的耗费,是针对一定的产出物来计算归集的,这个产出物可以是一件产品,也可以是一项服务。成本包括生产成本和期间费用。成本控制应遵循全员参与原则、成本效率原则、责任制原则、具体情况具体分析原则。成本控制办法包括理论极限控制法、目标成本控制法、价值工程法。

财务分析方法包括比较分析、比率分析和因素分析。财务分析内容包括偿债能力分析、营运能力分析和盈利能力分析。

思考及习题

1. 基本概念

财务管理　企业筹资　股权资本　债务资本　成本　利润

2. 简答题

(1) 什么是财务管理？财务管理的目标是什么？

(2) 如何确定最优资本结构？

(3) 简述利润分配的顺序。

(4) 反映公司偿债能力的指标有哪些？如何计算？评价准则是什么？

3. 实训题

某公司目前拥有资金 1 000 万元。其中,普通股 500 万元,每股价格 20 元;债券 300 万元,年利率 8%;优先股 200 万元,年股利率 15%。所得税税率为 25%。该公司准备追加投资 1 000 万元,有下列两种方案可供选择:

方案 1:发行债券 1 000 万元,年利率 10%。

方案 2:发行普通股股票 1 000 万元,每股发行价格 40 元。

要求:

(1) 计算两种筹资的每股利润无差别点。

(2) 如果该公司预计的息税前利润为 200 万元,确定该公司最佳的筹资方案。

案例分析

大宇资本结构的神话

韩国第二大企业集团大宇集团于1999年11月1日向新闻界正式宣布，该集团董事长金宇中以及14名下属公司的总经理决定辞职，以表示“对大宇的债务危机负责，并为推行结构调整创造条件”。韩国媒体认为，这意味着“大宇集团解体进程已经完成”，“大宇集团已经消失”。

大宇集团于1967年开始奠基立厂，其创办人金宇中当时是一名纺织品推销员。经过30年的发展，通过政府的政策支持、银行的信贷支持和在海内外的大力并购，大宇成为直逼韩国最大企业——现代集团的庞大商业帝国：1998年年底，总资产高达640亿美元，营业额占韩国GDP的5%；业务涉及贸易、汽车、电子、通用设备、重型机械、化纤、造船等众多行业；国内所属企业曾多达41家，海外公司数量创下过600家的纪录，鼎盛时期，海外雇员多达几十万，大宇成为国际知名品牌。

大宇是“章鱼足式”扩张模式的积极推行者，认为企业规模越大，就越能立于不败之地，即所谓“大马不死”。据报道，1993年金宇中提出“世界化经营”战略时，大宇在海外的企业只有15家，而到1998年年底已增至600多家，等于每3天增加一家企业。更让韩国人为大宇着迷的是：在韩国陷入金融危机的1997年，大宇不仅没有被危机打倒，反而在国内的集团排名中由第四位上升到第二位，金宇中本人也被美国《幸福》杂志评为亚洲风云人物。

1997年年底韩国发生金融危机后，其他企业集团都开始收缩，但大宇依然我行我素，结果债务越背越多。尤其是1998年年初，韩国政府提出“五大企业集团进行自律结构调整”方针后，其他集团把结构调整的重点放在改善财务结构方面，努力减轻债务负担。大宇却认为，只要提高开工率，增加销售额和出口就能躲过这场危机。因此，它继续大量发行债券，进行借债式经营。1998年大宇发行的公司债券达7万亿韩元（约58.33亿美元）。

1998年第四季度，大宇的债务危机已初露端倪，在各方援助下才避过债务灾难。此后，在严峻的债务压力下，大梦方醒的大宇虽作出种种努力，但为时已晚。1999年7月中旬，大宇向韩国政府发出求救信号；7月27日，大宇因延迟重组，被韩国4家债权银行接管；8月11日，大宇在压力下屈服，割价出售两家财务出现问题的公司；8月16日，大宇与债权人达成协议，在1999年年底前，出售盈利状况最佳的大宇证券公司，以及大宇电气、大宇造船、大宇建筑公司等，大宇的汽车项目资产免遭处理。“8月16日协议”的达成，表明大宇已处于破产清算前夕，遭遇“存”或“亡”的险境。由于在此后的几个月中，经营依然不善，资产负债率仍然居高不下，大宇最终不得不走向本文开头所述的那一幕。

大宇集团为什么会倒下？在其轰然坍塌的背后，存在的问题固然是多方面的，但不可否认有财务杠杆的消极作用在作怪。大宇集团在政府政策和银行信贷的支持下，走上了一条举债经营之路。试图通过大规模举债，达到大规模扩张的目的，最后实现市场占有率至上的目标。1997 年亚洲金融危机爆发后，大宇集团已经显现出经营上的困难，其销售额和利润均不能达到预期目的。而与此同时，债权金融机构又开始收回短期贷款，政府也无力再给它更多支持。由于经营上的不善，加上资金周转上的困难，韩国政府于 1998 年 7 月 26 日下令债权银行接手对大宇集团进行结构调整，以加快这个负债累累的集团的解散速度。由此可见，大宇集团的举债经营所产生的财务杠杆效应是消极的，不仅难以提高企业的盈利能力，反而因巨大的偿付压力使企业陷入难以自拔的财务困境。从根本上说，大宇集团的解散，是其财务杠杆消极作用影响的结果。

资料来源：天津财经大学商学院会计学系财务管理精品课程。

分析提示：

财务杠杆是一把双刃剑，利用财务杠杆可能产生好的效果，也可能产生坏的效果。当息税前利润大于债务利息时，能取得财务杠杆利益；当息税前利润小于债务利息时，会产生财务风险。能使企业价值最大化的资本结构才是最优的，企业财务管理人员应合理安排资本结构，适度负债，取得财务杠杆利益，控制财务风险，实现企业价值最大化。过度负债要负担较多的债务成本，相应地要经受财务杠杆作用所引起的普通股收益变动较大的冲击，一旦企业息税前利润下降，企业普通股收益就会下降得更快，当息税前利润不足以支付固定利息支出时，就会出现亏损，如果不能及时扭亏为盈，可能会引起破产。亚洲金融危机是大宇扛不下去的导火索，而危机的真正根源是其债台高筑、大举扩张。

问题探讨：

1. 对“财务杠杆效应是一把‘双刃剑’”这句话进行评述。

2. 取得财务杠杆利益的前提条件是什么？

3. 何为最优资本结构？其衡量的标准是什么？

4. 我国的企业从“大宇神话”中应吸取哪些教训？

第八章　其他企业管理理论

引导案例

一位垂暮之年的商人，为了在四个儿子中挑出自己的接班人而决定做一个测试：以一年为限，把梳子推销给和尚。一年之后，四个儿子回家向父亲汇报自己的战果：

老大仅向一个头上长癞的小和尚卖出了一把梳子；老二向一座寺庙卖出了十把梳子以便善男信女梳理鬓发；老三则向一深山宝刹推销了一千把梳子作为该寺的进香纪念赠品；而老四则与寺院合作，采用成本分析、市场活动、客户管理等多种营销管理方式，最终不但卖出上万把梳子，还成了寺院的股东之一，也最终成了父亲的接班人。

由此案例我们可以看出，企业市场营销管理的目的在于使企业的市场营销活动与复杂多变的市场营销环境相适应，这是企业经营成败的关键。

学习目标

通过本章的学习，使学生理解市场营销的含义；认识市场营销的微观和宏观环境；掌握市场营销管理过程各环节的基本知识；学会正确运用各种市场营销策略；理解生产管理任务和内容；了解生产过程与生产过程组织的概念；学会现代企业生产管理计划与控制方案；熟悉现代企业现场管理；理解信息管理的概念、特点、流程，掌握信息管理系统的概念及结构；理解企业文化的概念、构成与功能，熟悉并掌握企业文化建设的程序；了解创新和管理创新的概念，掌握管理创新的内容，熟悉管理创新的模式。

第一节 营销管理

一 市场营销概述

（一）市场营销的概念和功能

美国菲利普·科特勒教授认为：市场营销是个人和组织通过创造并同他人交换价值产品以满足需求和欲望的一种社会性经营管理活动。其主要具有交换、物流、分等、融资、信息五大功能。

（二）市场营销观念的转变

市场营销观念是企业从事营销活动的指导思想和行为准则，它经历了生产观念、产品观念、推销观念、市场营销观念、社会营销观念和大市场营销观念六个不断演进的过程。其中，前三种是以生产者为导向的观念，其目的是将产品销售出去以获取利润；后三种是以消费者为导向的观念，其目的是从顾客的满足中获取利润。

二 市场营销环境

（一）市场营销环境的概念与特点

市场营销环境是指作用于企业营销活动的一切外界因素和力量的综合，包括微观环境和宏观环境两大方面，具有客观不可控性、差异多变性。

（二）宏观市场营销环境

宏观市场营销环境是指给企业造成市场机会和环境威胁的主要社会力量，主要包括人口、经济、政治与法律、科学技术、社会文化及自然生态等因素。

1. 人口环境

由于市场是由具有购买欲望和购买能力的人所构成的，所以人口环境直接影响着市场的潜在规模。它主要由人口数量、性别结构、年龄结构、地理分布、人口的文化素质、职业、民族等社会因素构成。

2. 经济环境

经济环境，是指企业市场营销活动所面临的社会经济条件及其运行状况和发展趋势，主要由消费者收入与支出、居民储蓄、消费信贷等因素构成。

3. 政治与法律环境

在任何社会制度下，企业的营销活动都必定要受到政治和法律环境的规范与强制约束，因此需对营销地的政治制度、方针政策、政治倾向、贸易壁垒、外汇管制等予以重视。

4. 科学技术环境

科技的发展可为企业提供新的市场机会，因此企业在营销活动中要生存、发展，应不断提升、变革科学技术。

5. 社会文化环境

社会文化环境，是指一个国家或地区的民族特征、价值观念、生活方式、风俗习惯和宗教信仰等。

6. 自然生态环境

自然生态环境，主要包括自然资源、地形地貌和气候条件等。

（三）微观市场营销环境

微观市场营销环境是指与企业紧密相连，直接影响企业营销能力的各种参与者，包括企业内部因素、供应商、营销中介、目标顾客、竞争者和社会公众六大因素。

1. 企业内部因素

市场营销必须注意企业内部环境力量的协调与配合，重点包括各职能部门及高层管理部门之间在生产、采购、研发、财务等职能工作方面的协调与配合。

2. 供应商

供应商，是向企业供应生产或经营特定产品和劳务所需各种资源的企业和个人，其决定了资源供应的可靠性、价格、质量及变动趋势。

3. 营销中介

营销中介是直接或间接参与企业产品分销活动的其他企业或个人，包括商人中间商、代理中间商、实体分配公司、营销服务机构和金融机构等。

4. 目标顾客

目标顾客是企业产品购买者的总称，即企业的服务对象，包括消费者市场、生产者市场、社会集团市场、中间商市场和国际市场五种类型。

5. 竞争者

竞争者企业的营销活动时刻处于竞争者的干扰和影响中，从消费需求角度划分，企业的竞争者主要有潜在竞争者、品类竞争者、品种竞争者和品牌竞争者四类。

6. 社会公众

社会公众，是指对企业经营活动有实际或潜在兴趣和影响的团体。一家企业周围的公众主要有政府、媒介、金融、地方利益公众（如企业所在地附近的区民、社区组织等）及市民行动公众（如消费者协会等）。

三 市场营销组合策略

市场营销组合策略就是企业为了满足目标市场的需要而采用的可控基本因素的组合，主要有四大策略（通常称为4P）：产品（product）、价格（price）、销售渠道（place）和促销（Promotion）。市场营销组合具有可控性、动态性、整体性和层次性四大特点。

（一）产品策略

产品策略指做出与企业向市场提供的产品有关的策划与决策，是市场营销组合策略的核心。

1. 产品的概念

产品是指能够提供给市场，用以满足人们某种欲望和需要的事物，包括有形的物品和无形的服务、信息和观念。产品的概念包括核心产品、形式产品和附加产品三个层次。

2. 产品组合策略

产品组合是指一个企业生产销售的全部产品的总和，其包括广度（企业产品大类的数量）、长度（企业全部产品项目的总数）、深度（产品大类各种产品的品种、规格等）和关联性（各产品大类之间在最终用途、生产条件、分销渠道等方面的相关程度）。企业在调整和优化产品组合时，一般有扩展策略和紧缩策略两种。

3. 品牌策略

品牌的基本功能是把不同企业间的同类商品区分开来，企业采用的品牌策略主要有有品牌策略和无品牌策略、生产者品牌策略和消费者品牌策略、统一品牌策略和个别品牌策略。

（二）价格策略

价格策略指企业通过对顾客需求与成本进行分析确定商品定价，在进行商品定价时，需综合考虑产品成本、市场需求、竞争者及法律政策等多种因素。

1. 新产品定价策略

新产品定价方法主要有三种：一是高价策略（撇脂定价），适用于具有独特功能、短期内不足以引起激烈竞争的产品；二是低价策略（渗透定价），适用于有成本优势的企业与产品；三是适中定价策略（温和定价），适用于大量生产与销售、市场需求稳定的产品。

2. 心理定价策略

根据消费者购买时的心理动机制定价格，如声望定价，即对有较高声誉的产品和名牌产品制定较高的价格；尾数定价，会给人以便宜和定价精确之感。

3. 折让定价策略

通过价格的减让和赠与等优惠手段争取顾客。折扣形式主要有现金折扣（对按期付款或用现金购买者给予折扣）、数量折扣（按购买数量给予折扣）、季节折扣（销售淡季给予折扣）和组合折扣（即配套销售给予折扣）。

（三）分销渠道策略

分销渠道是指产品和服务从生产者向消费者转移过程中所经历的路线和环节，它的起点是生产者，终点是消费者，中间环节包括代理商、批发商、零售商等中介机构。企业在选择分销渠道时，需综合各种因素做出决策。

1. 直接渠道与间接渠道的选择

直接渠道是指产品从生产者流向最终消费者的过程中不经过中间商，其销售及时，便于沟通，但费用较高，范围有限；间接渠道需经过若干中间商，可以扩大销售范围，但不易进行生产者与消费者的沟通。

2. 分销渠道长度的选择

分销渠道长度是指产品从生产者向消费者转移中所经历的中间环节的多少。短渠道分销中，生产者承担的销售任务较多，信息传递快，有利于对其进行控制；长渠道销售效果相反。

3. 分销渠道宽度的选择

分销渠道宽度是指分销渠道中不同层次使用的中间商数目的多少。一般而言，销售量大的生活日用品适合宽分销渠道，而价格高或产量有限的贵重产品适合选择较窄的分销渠道。

（四）促销策略

促销是企业通过人员和非人员的方式把企业的产品及提供的服务信息传递给客户，激发顾客的购买欲望，影响和促成顾客购买行为的全部活动的总称。

促销的方式主要有两类：一是人员促销，即派出推销员进行推销活动；二是非人员促销，具体包括广告宣传、营业推广（如现场表演、展览会、推销提成等）和公共关系（如舆论环境和社会环境等）。

四 市场营销管理过程

市场营销管理过程是指企业为实现目标，完成任务而识别、分析、选择和发掘市场机会的过程。

（一）分析市场机会

分析市场机会是企业营销管理的第一步，需要营销人员进行专门的调查研究，再加以分析、评估，以寻找适合企业自身的营销机会。

（二）选择目标市场

在选定符合企业目标和资源的营销机会以后，就需进一步对市场容量和市场结构进行分析。此阶段，企业需首先进行市场细分，在细分的基础上选择目标市场，进行目标定位。

（三）设计营销组合

在选定目标市场和明确市场定位之后，企业应设计相应的市场营销组合策略以实现自身的市场目标（之前已进行详尽的论述，故不再赘述）。

（四）制订、执行和控制营销计划

企业应有计划地应对市场，营销计划需充分体现企业的发展战略，遵循市场规律、循序渐进，制订的计划应切实可行，并根据环境变化及时调整。

营销计划的制订只是营销管理的开始，更重要的在于市场营销的实施，其包括以下五个方面：制订详细的行动方案；建立合理有效的组织结构；设计相应的决策和报酬制度；开发并合理调配人力资源；建立适当的企业文化和管理风格。

在营销计划的执行过程中，还需要建立控制系统来保证目标的实现。营销控制主要有年度计划控制、盈利能力控制、效率控制和战略控制四种。

第二节 生产管理

一 生产管理概述

（一）生产管理的概念与作用

生产管理是对生产运作活动的管理，即为使企业的各种资源高效地转化为产品或服务，满足市场需求，创造客户价值，提高企业经济效益而对产品或服务的生产运作活动进行计划、组织、指挥和控制的过程。它是实现企业经营目标的基本保证，是企业竞争力的原动力，有利于提高整个企业的管理水平。

（二）生产管理的任务和内容

生产管理是现代企业管理的基本内容之一，其基本任务是在预定计划期内，按照市场需求，运用科学的方法将生产运作过程中的各要素有效地组织起来，按规定的产品质量或服务水平的要求、以合理的成本高效率地组织生产运作活动，提供满足市场需求的产品或服务。一般包含产品或服务的质量、数量、生产成本以及交货期四个方面。

二 生产管理的过程组织

（一）生产过程组织

工业生产是多设备、多工种、多人员、多方法及多程序紧密配合的活动，必须进行合理有序的组织安排，因此在生产过程中要依照连续性、平行性、比例性、均衡性和适应性的要求进行合理组织，使得生产过程不仅在空间上配合协调，更在时间上衔接有序，以此取得行程最短、时间最省、耗费最少而效益最高的效果。

（二）生产过程的空间组织

生产过程的空间组织就是要正确地确定产品生产过程在空间的运动形式，即要求在生产场地有限的空间内，按照整体与系统、时空充分利用、顺利流通、安全可靠及弹性等原则，将厂房、机器设备等配备得当，从而使各部分能密切配合、相互协调，缩短流程及生产周期。

（三）生产过程的时间组织

生产过程的时间组织就是要确定工件在工序间的移动方式。在生产过程中，工件在工序间的移动方式主要有顺序移动、平行移动和顺序平行移动。

三 生产管理的计划与控制

（一）生产计划的概念与内容

生产计划是依据营销计划在充分利用生产能力和综合平衡的基础上，对产品从品种、数量和生产进度等方面做出的安排。优化的生产计划有利于充分利用销售机会，满足市场需求；有利于充分利用盈利机会，实现生产成本最低化；有利于充分利用生产资源，最大限度地减少资源的闲置和浪费。

（二）生产计划的编制

由于市场是不断变化的，因此生产计划的编制要坚持以需定产的原则，即根据市场变化及时进行调整。其主要编制步骤可以概括为以下几步：

(1) 根据市场需求预测、顾客订单、库存状况来确定计划期内的市场需求，并对企业进行资源分析和能力分析。

(2) 统筹安排，拟订和优化计划方案，具体方法有盈亏分析、收入利润顺序法、线性规划模型和图表法等。

(3) 将提出的初步生产计划指标和各方面的条件进行平衡，比如，生产任务和生产能力的平衡，生产任务和劳动力的平衡，生产任务和物资供应的平衡，生产任务和资金的平衡，生产任务和技术管理水平的平衡等，在此基础上确定生产计划的具体指标。

(4) 经过反复核算与平衡，编制生产计划草案，经有关人员讨论后做必要修改，最后经生产主管批准，组织实施。

（三）生产作业控制

生产作业控制是指在生产作业计划执行过程中对有关产品生产的数量和进度进行控制。其主要手段有生产调度和生产作业核算。

1. 生产调度

生产调度就是组织执行生产进度计划的工作，包括按照生产作业计划的要求，提前检查生产技术准备工作，合理组织和调度生产运输工作，对可能的设备故障及时检修和排除；监督和检查各环节生产作业计划的完成情况，各环节在制品储备定额的执行情况，组织企业、车间的生产调度会议，及时协调和解决各环节的矛盾。具体可以采用生产调度值班制度、调度报告制度和会议制度等。

2. 生产作业核算

生产作业核算就是在生产作业计划执行过程中，对产品、零件的实际投入和产出量，投入和产出期，在制品占用量，各单位和个人完成的工作任务等进行的核算。其基本方法是将有关生产活动记录在原始凭证上，根据一定的目的，把原始记录汇总起来记到有关台账上，进而将实际发生数和计划数进行比较，通过各种图表（如坐标图、甘特图等）显示出来，使生产管理人员和工人一目了然，了解生产进度的具体情况。

四 现场管理

（一）现场管理概述

生产现场管理就是指用科学的管理制度、标准和方法对生产现场各生产要素，包括人（管理人员和工人）、机（设备、工具、工位器具）、料（原材料）、法（加工、检测方法）、环（环境）、信（信息）等进行合理有效的计划、组织、协调、控制和检测，使其处于良好的结合状态，达到优质、高效、低耗、均衡、安全、文明生产的目的。因此，现场管理具有基础性、系统性、开放性、动态性和群众性等特点。

（二）现场管理的主要内容

现场管理的主要内容包括定置管理、工艺管理和6S管理等方面。其中，定置管理就是指通过对生产和工作环境的分析，消除人的无效劳动和生产中的不安全因素，调整和改善不良状态，使人流、物流和信息流畅通有序，从而提高生产效率和产品质量。工艺管理就是通过优化工艺路线和工艺布局，提高工艺水平，使生产处于受控状态，保证产品质量。6S管理指通过提高人员素养（shitsuke），对生产现场不断进行整理（seiri）、整顿（seiton）、清扫（seiso）、清洁（seiketsu），从而保障安全（safety）的活动。其目标就是要为员工创造一个干净、整洁、舒适、合理、安全的工作场所和空间环境，同时在日常的6S管理活动中潜移默化地提升员工的素质，使员工养成良好的工作习惯，最大限度地提高工作效率。

（三）现场管理的主要原则和途径

现场管理需在遵循经济效益原则、科学合理原则和标准化、规范化原则的基础上，通过以下几种途径予以实施：一是以人为中心，优化施工现场全员的素质；二是以班组为重点，优化项目现场管理组织；三是以技术经济指标为突破口，优化施工现场管理效益。

实训项目

ERP 沙盘模拟实训

通过 ERP 沙盘模拟，使学生身临职场情境，担任各种岗位角色，亲身体验一个企业经营的完整过程，亲自操作资金流、物流、信息流及其协同，理解企业中各个部门的相互配合，体验团队的力量和自己的作用，通过实验成果评价认识自己及团队在经营实践中存在的不足，掌握动手操作、分析问题和解决问题的能力。围绕这一目的，实践教学的设计思想是：通过企业经理(CEO)、财务总监(CFO)、信息总监(CIO)、运营总监(COO)和营销总监(CMO)角色分配，企业生产经营要素模具化推演、通过 MCM 分析工具对经营业绩分析评价三部曲来实现。

第三节　信息管理

随着经济全球化不断深入和信息技术迅猛发展，信息管理在企业发展中起着越来越重要的作用。一个企业要想在激烈的市场竞争中取胜，就必须对市场信息进行有效管理。完善企业的信息管理，能够进一步增强企业的竞争优势，提高企业核心竞争力。

一　企业信息管理概述

（一）信息的概念及特点

信息，是指依据一定的需要收集起来的、经过加工整理具有某种使用价值，以图形、文字、符号等表现出来的消息、情报或数据等知识元素的总称。

信息作为企业基本构成要素之一，是企业管理中十分重要的资源。它能否正确使用，往往与它自身的特点密切相关。信息主要有以下几个特点：

1. 信息的载体依附性

信息是不能独立存在的，需要依附于一定的载体去对外呈现和传递。同一信息可以依附不同的载体，经由这些不同载体被存储或传播出去，供更多的人分享。例如，企业文化手册上的文字，依附于纸张；企业 LOGO 的体现，依附于图形或符号。

2. 信息的价值性

信息只有被人们利用，才能体现出其价值。信息通过传递，使获得信息的主体大大增加。由于每个主体掌握的信息并不会因此而减少，就会使整个社会的总经济效益增加。通过将大量相关的信息综合分析能够得到新的信息，但是要注意信息价值的相对性。

3. 信息的时效性

信息的价值和作用与时间有着直接的联系，信息有一定的时限，超过了这个时限，信息就失去或削弱了被利用的价值，如股市信息。另外，信息内容越新，传递得越快，时效性越强，信息的价值就越大。

4. 信息的共享性

信息的共享性是指信息可由不同个体或群体在同一时间或不同时间共同享用，它不会因为使用者的增加而减少每个使用者所获得的信息。信息的共享很重要，通过共享，使更多的人获得信息，给更多的人带来价值，最后使整个社会的经济效益增加。但是并不是所有信息都需要共享，对于一些机密或具有排他性的信息，应注意保护。

5. 信息的可伪性

信息的可伪性是指信息在其衍生过程中，可能产生伪信息或虚假信息。伪信息会带来社会信息垃圾，具有极大的危害性。对企业来说，严格筛选并识别真伪信息，是信息管理者的重要工作内容。

小知识

萧伯纳对信息的共享性有一个形象的比喻：你有一个苹果，我有一个苹果，彼此交换一下，我们仍然是各有一个苹果。如果你有一种思想，我也有一种思想，我们相互交流，我们就都有了两种思想，甚至更多。这个例子说明了信息不会像物质一样因为共享而减少，反而可以因为共享而衍生出更多。

（二）信息资源的概念及特点

信息资源，是指产生信息的所有资源总和，包括数据、应用系统、IT 技术、设备和人员。具体来说，数据是广义上的对象，包括数字、文字、图形、图像或声音等。应用系统则体现为应用程序的综合。IT 技术，包括硬件、软件、操作系统、数据库管理系统、网络、多媒体等技术。设备包括支持信息系统的所有设备与设施。人员则是指在企业生产和经营活动中，产生、获取、处理、储存、传输和使用与信息资源有关的人。

随着知识经济的到来，信息资源对国家和民族的发展，对企业生存与竞争至关重要。信息资源作为世界三大资源之一，具有以下特点：第一，能够重复使用，其价值在使用中得到体现。第二，信息资源的利用具有很强的目标导向，不同的信息在不同的用户中体现不同的价值。第三，具有整合性，人们对其检索和利用，不受时间、空间、语言、地域和行业的限制。第四，它是社会财富，任何人无权全部或永久买下信息的使用权；它是商品，可以被销售、贸易和交换。第五，具有流动性。

（三）企业信息管理

企业信息管理(Enterprise Information Management,EIM)，是企业以现代信息技术为手段，为企业的经营、战略、管理、生产等服务而进行的有关信息的收集、加工、处理、传递、储存、交换、检索、利用、反馈等活动的总称。现代企业信息管理不仅仅是一种管理思想，更是一种管理技术手段。在某种程度上，它还是一个系统。

企业信息管理与企业信息化管理是两个相关的概念，但不是同一个概念。企业信息管理是对企业信息资源和信息活动的管理，包括企业信息化管理、企业知识管理和企业竞争情报管理等方面的内容。企业信息化管理则强调对企业信息化工程建设过程的管理。

二 企业信息管理流程

（一）企业信息获取

当前企业获取信息的时间以及信息量，直接影响着企业在市场中的竞争强度。一般来说，企业信息获取的过程有 4 个步骤：一是确定信息需求的内容与所需载体的类型；二是明确信息来源；三是通过不同渠道与技术进行信息采集；四是整理信息进行保存。

信息获取需要遵循“真”、“快”、“准”、“多”的原则。对企业来说，获取信息的渠道是多样的。总的来说，有以下几种途径：一是拜访客户，进行有组织的市场调研，获取第一手客户需求与竞争对手的资料；二是访谈竞争对手，了解竞争信息；三是从企业协会等机构获取同行业相关的市场信息。

（二）企业信息加工

所谓企业信息加工，是企业对获取的信息进行去伪存真、去粗取精、由表及里、由此及彼的加工过程。它是在原始信息的基础上，生产出价值含量高、方便利用的二次信息的活动过程。现代企业要综合运行现代信息技术，处理、产生新的用以指导决策的有效信息或知识。

一般来说，信息加工的内容包括三个方面：一是信息筛选和判别。在大量原始信息中，不可避免地存在一些假信息和伪信息，需要认真筛选和判别真假。二是信息分类和排序。收集来的信息需要运用信息技术、按照一定方式进行分类和排序，以便存储、检索、传递和使用。三是信息分析和研究。信息分析与研究中所使用的方法，一般来说有逻辑学方法、系统分析方法、图书情报学方法、社会学方法、统计学方法等。

（三）企业信息存储

所谓企业信息存储，是企业针对所采集以及加工后的信息，应用计算机等先进的技术和手段，按照一定的特征和性质进行科学有序的存放、保管，以便使用的过程。

在信息化时代的今天，做好信息存储工作对企业经营发展具有重要作用。一是当企业需要信息的时候，能够及时获取，并经过加工处理后为管理与决策服务。二是存储的信息可供企业全体员工共享，并可重复使用，提高企业信息利用率。三是信息的历史性特点要求将信息予以保存，以便从同一事物不同历史阶段的信息中分析、探讨该事物的发展规律，有利于管理决策的使用。

（四）企业信息检索

所谓企业信息检索，是指企业信息按一定的方式组织起来，并根据信息用户的需要找出有关信息的过程和技术。工欲善其事，必先利其器，这是企业信息检索之道。企业在进行信息检索时，需要遵循“四要素”原则。一是具有信息意识，这是信息检索的前提；二是要有可靠的信息源，这是信息检索的基础；三是具有信息获取的能力，这是信息检索的核心；四是充分利用信息，这是信息检索的关键。

（五）企业信息传递

所谓企业信息传递，是指企业通过声音、文字或图像相互沟通消息的过程。信息传递研究的是什么人向谁说什么，通过何种方式与途径，要达到什么目的。在市场销售中，向消费者传达商品信息，就需要用特定的方式去影响人们的购买行为，使其在市场上产生反应。

在企业中，信息传递是否顺畅，直接影响到信息作用的发挥和人际沟通。在企业内部，如组织内上下级之间发生的信息沟通出现障碍，信息可能会被曲解或误解，也会影响组织内成员间的人际关系，造成内耗。在企业外部，同外界各方面，如政府、新闻媒体、消费者等发生的信息传递情况如何，一方面影响企业在市场中的形象与声誉，另一方面直接影响到该企业产品在市场上的销售。

（六）企业信息反馈

所谓企业信息反馈，是指企业将利用某一信息之后得到的结果，与利用该信息前对结果的预测进行综合比较，以期获得该信息利用效果的结论，借此指导下一次信息利用的过程。

信息反馈有一个过程，包括反馈信息的获取、传递和控制的实施。因此，信息反馈的要求也是从这三个方面体现的。一是反馈信息要真实、准确；二是信息传递需要迅速、及时；三是控制措施要适当、有效。

三 企业管理信息系统的概念

现代企业的信息资源管理是一个系统工程。首先要求建立一个管理系统，这是现代企业应用信息技术的一种重要形式。

所谓企业管理信息系统（Management Information System，MIS）是一个以人为主导，利用计算机硬件、软件、网络通信设备以及其他办公设备，进行信息收集、传输、加工、储存、更新和维护，支持组织高层决策、中层控制、基层运作的集成化的人机系统。

企业管理信息系统的主要任务，是最大限度地利用现代计算机及网络技术，加强企业信息管理，通过对企业拥有的人力、物力、财力、设备、技术等资源的调查了解，获取正确的数据，加工处理并编制成各种信息资源，及时提供给管理人员，以便进行正确决策，提高企业管理水平和经济效益。

四 企业管理信息系统的结构

企业管理信息系统是企业信息系统的核心，贯穿于企业管理的全过程，同时又覆盖了管理业务的各个层面，因而其结构也必然是一个包含各种子系统的广泛结构。图 8-1 是管理信息系统的结构矩阵，纵向概括了基于管理任务的系统层次结构，横向概括了基本管理职能的系统结构。

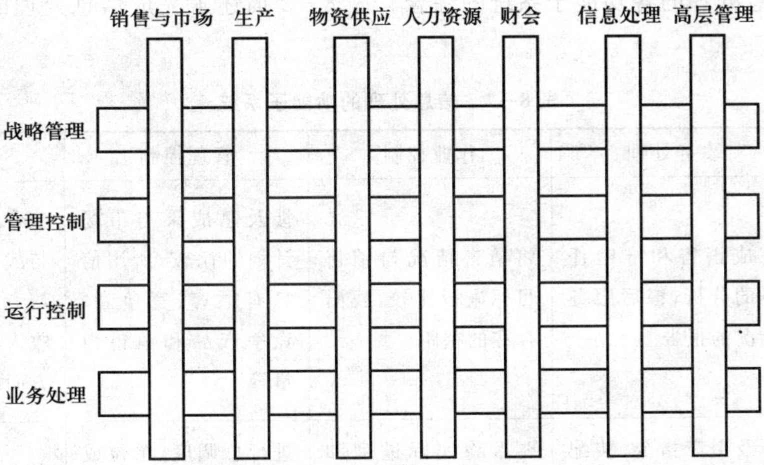

图 8-1 功能子系统和管理活动矩阵

(一) 基于管理任务的系统层次结构

管理任务具有层次结构，管理信息系统可以按照管理任务的层次进行分层，如表 8-1 所示。

表 8-1 管理任务的层次

层次	内容
战略管理	确定企业的目标、政策和方针；划分企业的组织层次；决定企业的发展任务
管理控制(战术管理)	包括人员招聘与培训、资金流动与监控、资源的获得与配置
运行控制	合理配置、有效利用现有设备和资源，在预算限制内活动
业务处理	涉及企业的每一项生产经营和管理活动

战略管理涉及企业的长远计划、处理中长期事件，如制定市场战略、确定产品品种等；管理控制属于中期计划范围，包括资源的获得与组织、人员招聘与培训、资金的监控等；运行控制涉及作业的控制，如作业计划和调度等；业务处理是企业最基本的活动，涉及企业的每一项生产经营和管理活动。

在实际工作中，有时同一问题可以属于不同的管理层次，只是每个层次考虑问题的角度不同。从信息处理的工作量来看，信息处理所需资源的数量随管理任务的层次而变化。一般来说，业务与运行控制层进行的多是程序性决策，其信息处理量很大，考虑内容多涉及基层管理及文书工作等内容；而在系统结构中，管理控制以及战略管理所处层次较高，考虑的是非结构化决策，其所需信息更加重视“质”而不是“量”，整个结构总体呈金字塔形。

（二）基于管理职能的管理信息系统

管理信息系统结构也可以按照使用信息的组织职能加以描述。系统所涉及的各职能部门都有自己特殊的信息需求，需要专门设计相应的功能子系统，以支持其管理决策活动。同时各职能部门之间存在信息联系，使各个功能子系统构成一个有机结合的整体，管理信息系统正是完成信息处理的各功能子系统的综合。表 8 - 2 描述了完成信息处理的各功能子系统的工作内容。

表 8 - 2 信息处理的功能子系统

名称	事务处理	作业控制	管理控制	战略计划
销售子系统	完成销售和推销任务的分析，售后服务情况的报告	将销售情况与销售目标进行比较，找出存在的差距	涉及总成果与市场计划的比较，所用信息有顾客、竞争者、竞争产品和销售力量等	包含新市场的开拓与战略，涉及客户与竞争者分析，在收入、产品、技术等方面的预测
生产管理子系统	涉及生产指令、装配单、成品单、废品单和工时单等的处理	要求将实际进度和计划比较，找出薄弱环节	进行总调度，单位成本和单位工时消耗的计划比较	考虑加工方法和自动化方法
物资供应子系统	包括库存水平报告、库存缺货报告、库存积压报告等	编制物资采购计划，搞好仓库管理和物资节约工作	比较计划库存与实际库存水平，分析采购成本、库存缺货与周转率等	包括新的物资供应战略，对供应商的新政策及新技术信息、分配方案等
人力资源管理子系统	生成有关雇用需求、工作岗位责任、培训计划、职员基本情况、工资变化和终止聘用的文件及说明	完成聘用、培训、终止聘用、工资调整和发放津贴等	通过现实与计划的比较，生成分析报告，说明职员情况、技术构成、工资支付等是否符合要求	包括雇用战略和方案评价、职工培训方式、就业制度及聘用留用人员的分析等
财务会计子系统	包括处理赊账申请、销售单据、支票、收款凭证、付款凭证、日记账、分类账等	需要每日差错报告和例外报告，处理延迟记录及未处理的业务报告等	包括预算和成本数据的比较分析	关注的是财务的长远计划，减少税收影响的长期政策以及成本会计和预算系统的计划等

续表

名称	事务处理	作业控制	管理控制	战略计划
信息管理子系统	涉及工作请求、收集、校正或变更数据及程序请求、软硬件实施报告与规划建议等	包括日常任务调度，统计差错率和设备故障信息等	包括计划和实际的比较，如设备费用、程序员情况、项目的进度和计划的比较等	包括整个信息系统总体计划、硬件和软件的总体结构、功能组织是分散还是集中等
高层管理子系统	涉及信息咨询、决策咨询、处理文件、向组织其他部门发送指令等	包括会议安排计划、控制文件、联系记录等	要求各功能子系统执行计划的当前综合报告情况	充分的内外部信息，包括特别数据检索和分析，以及决策支持系统

第四节　企业文化

当前，作为企业灵魂的企业文化，越来越成为现代企业核心竞争力的重要内容。如何发挥企业文化功能，搞好企业文化建设，营造企业文化氛围，成为现代企业管理的重要内容。

一　文化与企业文化的概念

文化，从广义上说，是人类社会历史实践过程中所创造的物质财富与精神财富的总和；狭义上说，是社会意识形态以及与之相适应的组织机构与制度。任何组织都有文化。不论如何表达，都体现出组织之间的不同，这种不同往往就是该企业体现的文化特色。

有些企业文化有明显的特征，甚至其核心价值会写成书面材料，用以教育新员工，如美国通用电气公司、日本松下公司等。而有一些企业文化特征尽管看不到，但在日常生活中，人们所提及的某组织“官僚化”气息浓重，某团体“富有创新精神”，某企业“凝聚力强”等，都是企业文化的体现。

总的来说，企业文化是企业在生产经营实践中逐步形成的，为全体员工所认同并遵守的、带有本组织特点的使命、愿景、宗旨、精神、价值观和经营理念，以及这些理念在生产经营实践、管理制度、员工行为方式与企业对外形象的体现的总和。企业文化是企业的灵魂，是推动企业发展的不竭动力。

小故事

联想的“称呼”变化

联想创业之初，许多创业者都把柳传志叫做“小柳”、“传志”。领导者的威信是由权力、威严与尊重这三部分构成，如果这样称呼，领导者的威信如何能树立起来，又如何能开展业务呢？所以，联想许多老同志都经历过一个改称谓的过程，最后柳传志终于被称为“柳总”。当杨元庆任联想电脑总裁的时候，已是很有规矩的联想，将一个 29 岁的年轻人称为“杨总”便顺理成章了，属下哪个员工如果贸然把他称为“小杨”或“元庆”，就显得很没有规矩。

但是，现在联想要回归自然，强调家庭和谐、亲情平等的独特企业文化，这样才有利于创造上下通气、无拘无束的融洽气氛。所以，杨元庆最喜欢他的员工叫他“元庆”。他和副总们经常挂着与所有员工一样仅写着名字的胸卡，在大门口亲切地迎接他的下属：“某某你好”，来赚几个“元庆你好”的回应。他的员工也会在节日的时候，化装成保姆，用一辆婴儿车推出一个叫做“杨元庆”的大娃娃。

二 企业文化的构成

综合国内外各种定义和经验，企业文化主要分为四个层次：理念层、制度层、行为层和物质层。根据分层，建立的四层同心圆模型如图 8－2 所示。

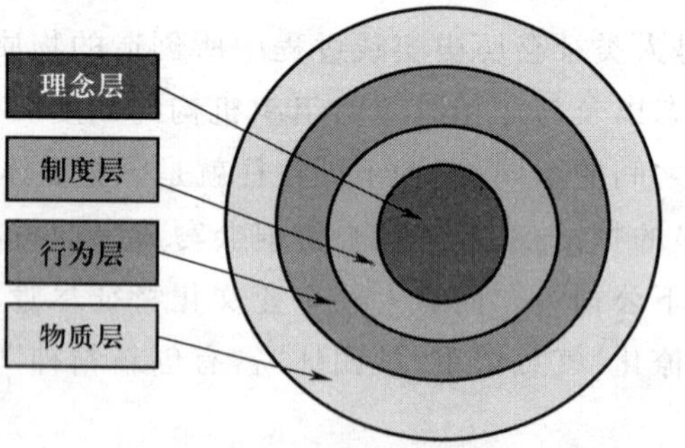

图 8－2 企业文化四层次模型

（1）理念层，也叫道德层，是企业文化的核心层面，是企业在生产经营中形成的独具本企业特征的意识形态和文化观念。它包括企业价值观、宗旨、意愿、企业精神和企业伦理等，是企业社会价值的主要体现。高尚的社会价值能够获得公司几乎所有利益相关者的认同，并对其具有持久的激励作用。市场经济下的企业社会责任，是企业社会价值的重要反映。

(2) 制度层，是企业文化的纽带，是具有本企业文化特色的各种规章制度、道德规范和员工行为准则的总称，是企业为实现自身目标对员工行为给予一定限制的文化，具有共性和强有力的行为规范的要求，主要包括一般制度、特殊制度以及企业风俗三个方面。

(3) 行为层，是企业文化的外显文化，明确了企业成员实现目标的行为规范和要求，包括企业员工在生产经营、学习娱乐中产生的活动文化，受理念与制度文化的制约。

(4) 物质层，是企业文化的基础，是指企业员工创造的产品和各种物质设施等所构成的器物文化，包括企业提供的产品、企业名称与标志、企业环境和企业面貌、技术设备的现代化与文明程度等，为其他要素提供物质基础。

三 企业文化的功能

企业文化诞生并实践于发达国家的企业，它曾让不少企业起死回生，也使许多企业基业长青。许多优秀与卓越的国际知名企业都得益于企业文化的滋养，如微软、IBM、宝洁。优秀的企业文化能发挥巨大的作用，它所具有的凝聚、激励、导向、约束、辐射等功能，对企业经营决策、经营行为以及企业形象都具有不容忽视的影响力。

(一) 凝聚功能

现代企业文化的凝聚功能，是指当一种价值观被该企业员工共同认可后，就会成为一种黏合剂，从各个方面把其成员团结起来，使其产生一种巨大的向心力和凝聚力。实际上，企业文化寄托了企业成员的理想、希望和要求，使其产生强烈的认同感，乐于参与企业事务，发挥自己的聪明才智，为企业作出贡献。日本的全面质量管理的全员性，可以说是在这种条件下诞生并取得成功的。

(二) 激励功能

现代企业文化的激励功能，是指企业文化具有使企业员工从内心产生一种高昂情绪和发奋进取精神的效应。企业文化对员工的激励不是一种外在的推动，而是一种内在的引导，不是被动消极地满足人们对实现自身价值的心理需求，而是通过组织文化的塑造，使每个企业员工从内心深处自觉产生为之拼搏的献身精神。所以，积极向上的思想观念及行为准则可以形成强烈的使命感、持久的驱策力，成为员工自我激励的一把标尺。

(三) 导向功能

所谓企业文化的导向功能，是指企业文化能对整体企业和每个员工的价值取向及行为取向起引导作用，使之符合企业所确定的目标。企业文化的导向功能具体表现在以下两个方面：一是对企业员工个体的思想行为起导向作用；二是对企业整体的价值取向和行为起导向作用。企业文化之所以具有导向功能，是因为这种导向是通过企业文化的塑造来引导员工的行为心理，使员工在潜移默化中接受共同的价值观念，自觉自愿地把企业目标作为自己追求的目标。“海尔之道即创新之道”是海尔文化的核心价值观，它对海尔员工的价值取向和行为取向起到了很大的导向作用。

（四）约束功能

现代企业文化的约束功能，是指企业文化对每个员工的思想、心理和行为具有约束和规范作用。企业文化的约束不是制度式的硬约束，而是一种软约束。这种软约束使员工心甘情愿地去接受无形的、非正式的和不成文的行为准则，自觉接受文化的规范，并按价值观的指导进行自我管理和控制。

（五）辐射功能

现代企业文化的辐射功能，是指企业文化一旦形成较为固定的模式，便会在企业内部发挥巨大的作用，对本企业员工产生深远的影响，而且也会通过产品、员工传播等各种渠道对社会产生影响。众所周知的麦当劳快餐店强调其快乐文化的影响，和蔼可亲的麦当劳大叔、金色拱门、干净整洁的餐厅、面带微笑的服务员、随处散发的麦当劳优惠券，让消费者随时都能看见外在的麦当劳文化。

四 企业文化建设的程序

企业文化作为社会大文化的一个子系统，客观存在于每一个企业之中。因此，优秀企业文化的构建需要企业有目的、有组织地倡导、培育，需要遵循企业文化的发展规律，依据科学的程序和方法进行系统建设。总的来说，现代企业文化建设的一般程序主要包括 4 个步骤，具体构成如图 8－3 所示。

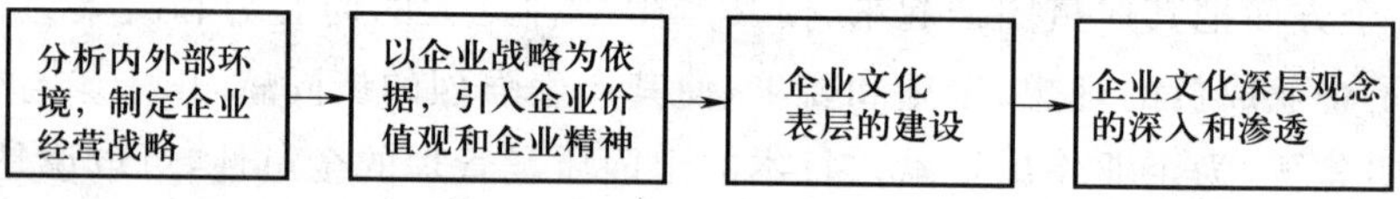

图 8－3 现代企业文化建设的一般程序

从图 8－3 中可以看出企业文化建设的 4 个步骤。

（1）企业经营战略的制定。也即企业面对内外部环境的不断变化，为了求得长期生存和不断发展，规划企业在未来一定时期内所要达到的目标及为实现目标所采取的途径和手段。它包括对企业宏观环境、企业微观环境、对企业经营活动有直接影响的外部环境以及与企业在日常经营管理中密切相关的内部条件的分析。

（2）制定企业文化系统的核心内容——企业价值观和企业精神。企业的价值观更多强调人们认知活动中理性的一面；企业精神强调人们基于一定认知基础上，在实践行动中表现出来的情绪、心态、意志等精神状况。二者侧重点不同，但从不同角度为企业文化的建设设定了基本框架和努力方向。

（3）企业文化表层建设，主要指物质层和制度层的建设，从硬件设施和环境因素方面为精神层的建设做好准备。企业生产的产品，创设的厂徽、厂歌、厂服、企业 LOGO 以及企业对员工素质形成的实体手段等，都属于物质层的范畴。企业制度层的建设，即企业制度文化建设，主要体现为一般制度建设、特殊制度建设以及企业风俗三个方面。

(4) 向企业员工进行企业文化深层价值观念的导入和渗透,是整个建设中最为重要的部分。强企业文化的实质就是员工心中的强价值观念,而由于人自身的复杂性以及心智模式改变的长期性,人们观念的转变也需要花费较长的时间。企业可以通过多种途径,在全体员工中培育企业文化核心观念;日常经营管理活动中,加强对员工的宣传和教育;可以通过树立模范人物向员工传达企业的文化价值观念;借助网络这个有效工具,进行网络文化建设。

第五节 管理创新

在产品、技术、知识创新速度日益加快的今天,成长的可持续性已成为现代企业所面临的比管理效率更重要的课题。创新是知识经济时代现代企业生存和发展的持久动力,在很多组织中扮演着十分重要和核心的角色。企业要想在激烈的市场竞争中站稳脚跟,必须不断创新。

一 创新的概念

在西方,"创新"这一概念的起源可追溯到1912年美籍经济学家熊彼特的《经济发展概论》。熊彼特在其著作中提出:创新是指把一种新的生产要素和生产条件的"新结合"引入生产体系。它包括五种情况:① 引入一种新产品;② 引入一种新的生产方法;③ 开辟一个新的市场;④ 获得或控制原材料或半成品的一种新的供应来源;⑤ 实现任何一种工业的新组织。

熊彼特认为,创新就是生产手段的新组合。在其所述创新活动的五个方面中,引入一种新产品与新的生产方法可视为技术创新,开辟一个新的市场与获得或控制原材料或半成品的一种新的供应来源可视为市场创新,实现任何一种工业的新组织则视为管理创新。熊彼特的创新概念包含的范围很广,如涉及技术性变化的创新及非技术性变化的组织创新。

从根本上说,创新(innovation)是指用不同的方法做某件事情。哈佛商学院的管理学教授迈克尔·塔什曼曾经说过,创新可能涉及激进的或渐进的变革。激进的创新往往会使以前的技术变得过时。例如,数字光盘几乎已经代替了盒式磁带。而渐进的创新通常是对现有产品进行改进,不会使以前的产品或技术过时。例如,现在盛行的超薄、超轻、超智能的手机等电子产品。

二 管理创新

(一) 管理创新的背景

随着知识经济时代的来临、现代科学技术的发展,企业面临越来越严峻的市场竞争环境，他们发现仅有良好的生产效率、足够高的质量以及灵活性，已很难保持长久的市场竞争优势。管理创新正在成为促进企业生存与发展的不竭源泉和动力。

在市场经济环境之下，信息化为经济市场化、国际化提供了生产力基础。企业要想在全球化的浪潮中生存，不仅要求企业进行技术性变化的创新，更需要进行全方位、系统化的非技术性变化的组织创新。国外的许多创新型企业，如微软、惠普、苹果等以及我国一些领先企业，如海尔、联想等，都已开始转向创新管理新范式的实践探索。例如，苹果公司的创始人史蒂文·乔布斯培养了公司独特的创造和创新品牌，产品设计豪华而具有突破性，深受消费者青睐。海尔提倡创新，尊重每一个人的价值，提出“人人是人才，赛马不相马”的人才观，让每个员工有自己的发展空间，在员工中兴起技术革新之风。

（二）管理创新的概念

从现有文献来看，芮明杰教授于 1994 年在其出版的著作《超越一流的智慧——现代企业管理的创新》，是中国最早提出管理创新概念的学者。芮明杰教授认为，首先，管理创新概念应缘于管理的概念。其次，管理创新并不是企业引入新的管理方式方法，还包含更多的其他内容，诸如组织形式的变革。最后，将降低交易费用作为管理创新的目标是不妥的。

在我们看来，管理创新是指创造一种新的更有效的资源整合范式，这种范式既可以是新的有效整合资源以达到组织目标和责任的全过程管理，也可以是新的具体资源整合及目标制定等方面的细节管理。

对于管理创新这样的一个概念，它至少可以包括下列五种情况：一是提出一种新发展思路并加以有效实施，这种新发展思路应该是针对所有组织来说都是新的且切实可行的。二是创设一个新的组织机构并确保组织内各种管理活动及其他活动有效运转。三是提出一个新的管理方式方法，它必须是能提高生产效率，或使人际关系协调，或更能有效激励员工。四是设计一种新的管理模式，是对组织总体资源有效配置实施的范式。五是进行一项制度的创新，有助于组织资源的有效整合。

三 现代企业管理创新的内容

（一）观念创新

管理观念又称为管理理念，是管理者关于经营管理的感性与理性认识的综合。管理观念受社会政治、经济、文化的影响，是企业战略目标的导向；同时管理观念又反映在管理的各项工作中。我国企业经营管理理念存在经营目标不明确、经营观念不当和缺乏时代创新精神的问题，应当尽快适应现代社会的需要，构建独特的经营管理理念。

（二）制度创新

制度创新需要从社会经济角度来分析企业系统中各成员间的正式关系的调整和变革。现代企业制度主要包括现代企业产权制度、组织制度和管理制度三方面的内容。产权制度的创新应该朝着寻求生产资料的社会成员个人所有与共同所有的最适度组合的方向发展。现代企业组织制度的创新方向应该在不断调整和优化企业所有者、经营者和生产者三者之间的关系中，使各方的权力和利益得到充分体现与保障。现代企业管理制度的创新应该根据内外环境需求的变化和自身发展壮大的需要，对企业自身运行方式、原则规定适时进行变革。

（三）技术创新

技术创新是管理创新的主要内容。企业中出现的大量创新活动都是有关技术方面的。现代企业的一个主要特点是在生产过程中广泛运用先进的科学技术，技术水平是反映企业经营实力的一个重要标志。一定的技术都是通过一定的物质载体和利用这些载体的方法来体现的，因此，技术创新主要表现在生产要素创新、工艺及生产组织形式创新和产品创新方面。

（四）产品创新

产品是企业向外界的最重要的输出，也是组织对社会作出的贡献。产品创新包括产品的品种和结构的创新。品种创新要求企业根据市场需求的变化、消费者偏好的转移，及时调整企业的生产方向和生产结构，不断开发出用户喜欢的产品。结构创新在于不改变原有品种的基本性能，对现有产品结构进行改进，使其生产成本更低、性能更完善、使用更安全，更具市场竞争力。

（五）环境创新

环境是企业经营的土壤，同时也制约着企业的经营。环境创新不是指企业为适应外界变化而调整内部结构或活动，而是指通过企业积极的创新活动去改造环境，引导环境向有利于企业经营的方向变化。例如，通过企业的公关活动，影响社区、政府政策的制定；通过企业的技术创新，影响社会技术进步的方向等。

作为重要的管理原理，创新已成为企业发展的动力源泉。在管理实践中，企业既要树立创新的思想，又要采取切实可行的步骤进行创新活动；既要看到创新带来的强大动力，又要注意分析和防范创新的风险。另外，还要将创新纳入组织制度体系中，使创新获得制度支持与保障。

四 企业管理创新的模式

现代经济快速发展主要依靠管理和技术，国外经济学家认为，西方工业化是“三分靠技术，七分靠管理”。在管理创新的实践中，我们应积极吸取国内外企业管理创新的成功经验，结合企业自身的实际，努力探索，建立适合本企业的管理模式。

（一）战略管理

随着我国国内市场的逐渐开放和国际市场的接轨，我国企业必须从全球角度来统筹考虑、合理配套资源，建立一套真正适合本企业的跨国经营的战略管理体系，逐步形成国际竞争优势。

（二）流程再造

所谓流程再造，就是对企业原有的工作流程进行全面的再造，以适应企业外部环境的变化，满足顾客的需求，谋求企业生产运作、管理有更高的效率，节约更多的成本，使产品或服务更能取得顾客的认可和满意。现代企业流程再造主要体现在组织的理念或价值观、技术工艺的调整以及领导风格与方式的改变方面。

(三) 扁平化组织

实现组织结构向扁平化的网络结构转化,可以加强组织的灵活性、敏捷性和创造性。它强调系统、管理层次的简化、管理幅度的增加与分权,从而使企业更好地适应信息社会。

(四) CIMS管理

CIMS(Computer Integrated Manufacturing Systems)管理,即计算机集成制造系统管理,是一种利用信息技术、计算机科学技术、网络技术和现代管理技术转变传统的制造业,形成市场反应灵敏、产品质量好、成本低和服务好的局面,从而有效提高市场竞争力的企业整体优化战略。

(五) 柔性管理

柔性管理是指对企业外部因素变化具有响应能力,对企业内部因素变化具有应对能力。其特点是适应性强、灵活性高、系统性强、刚柔相济,且富有力度和弹性。

(六) 危机管理

危机管理是指企业为应付各种危机所进行的规划决策、动态调整、员工训练等活动的过程,其目的是消除或降低危机给企业带来的风险。

案例分析

三个和尚吃水的故事

有一句老话,叫"一个和尚挑水吃,两个和尚抬水吃,三个和尚没水吃"。如今,这种说法过时了。现在的观点是"一个和尚没水吃,三个和尚水多喝不完"。

有三座庙,离河边都比较远。怎么解决吃水问题呢?

第一座庙的和尚挑水路比较长,一天挑了一缸就累了,不干了。于是三个和尚商量,咱们来个接力赛,每人挑一段路。第一个和尚从河边挑到半路停下来休息,第二个和尚继续挑,又转给第三个和尚,挑到缸里灌进去,空桶回来再接着挑,大家都不累,水很快就挑满了。

第二座庙,老和尚把三个徒弟都叫来,说我们立下了新的庙规,要引进竞争机制。三个和尚都去挑水,谁挑得多,晚上吃饭加一道菜;谁水挑得少,吃白饭、没菜。三个和尚拼命去挑,一会儿水就挑满了。

第三座庙,三个小和尚商量,天天挑水太累,咱们想想办法。山上有竹子,把竹子砍下来连在一起,竹子中心是空的,然后买了一个辘轳。第一个和尚把一桶水摇上去,第二个和尚专管倒水,第三个和尚在地上休息。三个人轮流换班,一会儿水就灌满了。

请大家思考,在该案例中,三个和尚通过不同的办法最终却达到了共同的目的,体现了哪些方面的创新思想。

思考及习题

1. 基本概念

市场营销　生产管理　企业信息管理　企业管理信息系统　企业文化　管理创新

2. 简答题

(1) 针对我国实际情况，谈谈我国企业应树立什么样的市场观念？

(2) 信息的特点有哪些？企业信息管理的流程体现在哪些方面？

(3) 企业文化建设的程序包括哪些步骤？

(4) 简述现代企业管理创新的内容。

3. 实训题

A 公司是一家小型科技公司，成立于 2010 年，企业文化一直没有正式形成。今年，公司李总要求把企业文化建设起来，在整个公司内形成浓厚的企业文化氛围。你作为公司的一名企业文化专员，应该如何推动企业文化系统的建设工作，如何制订并组织实施企业文化活动方案。

案例分析

瑞典富豪汽车公司在 20 世纪 70 年代初曾面临危机：由于生产程序呆板，工厂环境嘈杂，工人消极怠工，人员流动率高达 50%以上。

新老总上任后，立即对生产程序等进行改革，如将车间布局改为三叶草形状，25 个工作站环绕三叶草边缘分设，大大改善了劳动环境；让汽车在滑车上移动，节省了大量人力和时间。除此之外，公司还规定，只要能在指定时间内完成任务，组内工作可自行做主；在一个工作站内，工人可转换工作。这些改革措施大大激发了工人的工作劲头，人员流动率降至 5%，装配成本也大幅下降。此经验被美国汽车业权威誉为“对重建工业活力作出重大贡献”。

由此案例可以看出，生产管理是工业企业管理的重要内容，只有做好生产管理，才能更好地提高生产效率，使企业自身获得良好的经济效益。

参考文献

[1] 高海晨.企业管理[M].3版.北京:高等教育出版社,2012.
[2] 周三多.管理学[M].3版.北京:高等教育出版社,2010.
[3] 赵国忠.财务管理实务[M].3版.北京:高等教育出版社,2009.
[4] 杨善林.企业管理学[M].北京:中国建筑工业出版社,2011.
[5] 王方华.现代企业管理[M].上海:复旦大学出版社,2007.
[6] 姜发根,韦静.新编经济法教程[M].北京:北京交通大学出版社,2008.
[7] 李渠建.现代企业管理[M].北京:首都经济贸易大学出版社,2010.
[8] 王爱民,张素罗.管理学原理[M].成都:西南财经大学出版社,2008.
[9] 王利平.管理学原理[M].北京:中国人民大学出版社,2010.
[10] 何海燕,李存金,等.现代管理学:理论与方法[M].北京:北京理工大学出版社,2007.
[11] 大卫·辛奇-利维,等.供应链设计与管理:概念、战略与案例研究[M].季建华,邵晓峰,译.北京:中国财政经济出版社,2005.
[12] 侯龙文,等.现代物流管理[M].北京:经济管理出版社,2005.
[13] 加里·德斯勒.人力资源管理[M].9版.北京:中国人民大学出版社,2003.
[14] 周三多.管理学——原理与方法[M].4版.上海:复旦大学出版社,2003.
[15] 詹姆士·丁·海克漫,提升人力资本投资的政策[M].上海:复旦大学出版社,2004.
[16] 阳葵兰.财务管理[M].北京:清华大学出版社,2010.
[17] 曹志军,林玉辉.财务管理[M].北京:机械工业出版社,2009.
[18] 刘雅娟.财务管理[M].北京:清华大学出版社,2008.
[19] 朱学军.公司财务分析[M].北京:清华大学出版社,2008.
[20] 官灵芳,李述容,等.现代企业管理[M].北京:北京理工大学出版社,2009.
[21] 刘兴倍.管理学原理[M].北京:清华大学出版社,2006.
[22] 魏浩,张凤英.现代企业管理[M].西安:西北工业大学出版社,2010.
[23] 刘涛.管理学原理[M].北京:清华大学出版社,2009.

[24] 严成根.现代企业管理[M].北京:清华大学出版社,2009.
[25] 王晓辉.现代企业管理应用与案例[M].北京:北京工业大学出版社,2006.
[26] 芮明杰.管理学——现代的观点[M].上海:上海人民出版社,1999.
[27] 陈茂明.建筑企业经营管理[M].北京:中国建筑工业出版社,2003.
[28] 郑双怡,马自欣.供应链管理与企业现代物流管理[J].科技进步与对策,2001(11):83-84.